퇴계처럼

한국국학진흥원 교양 총서 | 오래된 만남에서 배운다 01

퇴계처럼

조선 최고의 리더십을 만난다

김병일 지음

글항아리

책을 펴내면서

퇴계 이황은 그가 살았던 당대뿐만 아니라 지금의 어린아이들조차 잘 알고 있는 역사적 인물이다. 국내를 넘어 해외에까지 널리 알려져 있을 정도이니, 이로써도 그의 명성을 짐작할 만하다. 그래서인지 퇴계 관련의 도서가 수백 권, 논문은 수천 편에 이를 만큼 방대하다. 주로 퇴계의 학문과 사상을 집중적으로 다루거나 혹은 쉽게 설명해놓은 것들이다. 이런 이유로 오늘날 우리에게 그는 조선시대 대유학자로서의 모습으로 주로 각인되어 있다.

나 역시 대학 시절 전공답사 차 도산서원을 방문한 적이 있는데, 당연히 유학자로서의 퇴계에 관심을 가지면서 이곳저곳을 둘러본 기억이 남아 있다. 그 뒤 학교를 나와 약 30년 넘도록 경제 관료로 공직에 몸을 담고 있다가 물러나서 잠시 한가로운 시간을 보내기도 했다. 그러던 중 도산서원선비문화수련원 이사장과 한국국학진흥원 원장을 맡게 되면서 안동 생활이 시작되었다.

그런데 놀랍게도 안동에 오고 나서 얼마 지나지 않아 퇴계의 새로운 모습이 내 눈에 들어왔다. 그것은 바로, 지금껏 책 속에서만 만나던 이론가로서의 퇴계, 거대 사상에 파묻힌 대유학자로서의 퇴계가 아니라 일상적 삶에서의 퇴계였다. 그가 평소 실천했던 겸손과 배려, 희생정신이 곳곳에서 살아 숨 쉬고 있는 것이었다. 특히 하루에도 수차례 끊임없이 이어지는 방문객을 정성 가득 담아 대해주는 팔순을 넘긴 퇴계 종손의 삶은 그야말로 자신보다는 타인을 우선하는 경敬에 입각한 삶을 살았던 퇴계의 모습 그 자체였다. 그런가 하면 선비문화를 체험하러온 교육생들 역시 심오하고 거대한 성리학적 이론보다는 일상적 삶에서 보여준 퇴계의 인품에 무한한 존경심을 갖게 되고, 또 퇴계의 그런 가르침을 500년이나 지난 오늘날에도 실천하고 있는 종손의 모습을 보면서 감동을 금치 못했다.

이런 광경을 지켜보면서 두 가지 깨달음을 얻었다. 나만의 깨달음이 아니라 이곳을 찾아온 이들이 공감하는 것이다. 하나는 이론(강론) 중심의 당위론적 가르침보다 일상의 실천적 삶에서 존경심이 자연스레 우러나온다는 것이다. 그것은 상대가 여자이든 비천하든, 그 누구든지 간에 자신을 낮춤으로써 결국은 조선 최고의 리더십을 발휘한 현명하고도 진실된 퇴계의 삶에 대한 존경심이다. 오늘날 우리에게 더욱 절실한 것은 퇴계의 이론보다 남이 하기 어려운 그의 실천을 배우는 것이다. 또 하나는 그것이 가장 설득력 있으려면 현장이 있어야 한다는 점이다. "모든 답은 현장에 있다"는 말이 있듯이, 선비정신 역시 책이 아니라 현장에 고스란히 남아 있다. 즉 퇴계가 보여준 실천적 삶의 현장이 여기저기 남아 있고 그런 정신을 오늘날까지 이어받고 있는 후손들의 삶에서 선비정신을 어렵지 않게 찾을 수 있었다.

이 책은 나와 이곳을 찾는 이들이 경험한 깨달음을 좀 더 많은 이들과 공유하고자 집필되었다. 이른바 일상의 실천적 삶에 녹아 있는 선비정신을 찾아나서는 작업인 셈이다. 이를 위해 기록과 구전으로 전하는 퇴계의 삶을 정리하고, 또 그 속에 담긴 퇴계의 생각을 읽고자 했다. 그리고 이런 그의 삶이 널리 퍼져나가기를 바라는 마음도 함께 담았다. "주향백리酒香百里 화향천리花香千里 인향만리人香萬里"라는 말이 있다. "좋은 술 향기는 백 리를 가고, 향기로운 꽃내음은 천 리를 가고, 인품이 훌륭한 사람의 향기는 만 리를 간다"는 뜻이다. 이처럼 사람의 아름다운 인품은 술 향기, 꽃내음보다 더 멀리 더 깊이 더 오래 전해지게 마련이다. 이와 마찬가지로 퇴계의 아름다운 삶 역시 시간과 공간의 제약을 받지 않고 많은 사람에게 감동을 안겨주기를 바란다. 그래서 감동을 느낀 모든 이가 꽃내음보다 진한 사람의 향기를 피울 수 있었으면 한다.

끝으로 서투른 문체를 잘 다듬고 출판사와의 온갖 궂은일을 마다하지 않고 성심껏 도와준 한국국학진흥원 김미영 박사의 노고와 이 책의 출판을 기꺼이 수락하고 시종일관 조언을 아끼지 않은 글항아리 강성민 대표에게 감사드린다.

2012년 12월

김병일

"2000여 년을 지나 퇴계退溪 자이자子李子가 태어나 육경을 익히며 자양을 의지처로 삼았다. 은나라의 바탕에 주나라의 예문을 갖추었으니, 아름답게 대성하셨다. 지금 천하가 어지러워 예악이 사라졌으나, 우리나라만은 선왕의 옛 의관을 보존하여 지키고 있으니, 아마도 하늘의 뜻인가? 다행하게도 지금 이 땅에 태어난 사람으로서 어찌 퇴계의 언행을 말하고자 하지 않을 수 있겠는가? 퇴계의 언행은 사문斯文의 맥을 부지하였도다!"[1]

성호 이익이 퇴계 이황李滉(1501~1570)의 언행을 모은 『이자수어李子粹語』를 펴내면서 쓴 서문의 일부다. 성호는 퇴계 덕분에 "사문의 맥을 부지하였다"는 것으로 그의 언행을 기록하는 근거를 삼았다. 퇴계는 살아서도 존경받는 대학자였지만 죽은 뒤에는 누구도 부정할 수 없는 명실상부한 조선 유학의 종장이 되었다.

『이자수어』는 『근사록』의 편목을 따라 편찬되었지만 주변 사람들이 보고 들은 평상시 퇴계의 일상도 함께 싣고 있다. 제6편 「거가居家」에는 이런 기록이 있다.

대부인께서 사람들에게 이렇게 말씀하신 적이 있다. "사람들이 '아이들은 아버지의 가르침을 받아야만 한다'고 말하지만 꼭 그런 것은 아니다. 나는 이 아이를 별로 가르치지 않았지만, 옷을 단정하게 입지 않고 다리를 뻗고 앉거나 기대거나 눕거나 엎드려 있는 것을 본 적이 없다."[2]

퇴계의 어머니가 평상시 했던 말이다. 위의 기록은 우리에게 많은 것을 말해준다. 퇴계의 아버지 이식은 진사시에 합격하고 이듬해 마흔의 나이에 세상을 떴다. 당시 퇴계는 7개월을 막 넘긴 갓난아기였으며, 어머니 춘천 박씨는 33세였다. 그래서 퇴계는 모친의 가르침 속에 자라났다. 춘천 박씨는 "아이들은 아버지의 가르침을 받아야만 한다고 말하지만 꼭 그런 것은 아니다"라고 분명한 어조로 말하고 있다. 비록 아버지의 가르침은 받지 못했지만 퇴계는 유학을 존숭하는 나라 조선의 선비로서 한 치의 어긋남도 없이 반듯하게 자랐다. "나는 이 아이를 별로 가르치지 않았지만"이란 말에는 더욱 많은 뜻이 담겨 있음을 알아야 한다. 자식이 일곱 딸린 서른셋의 과부가 시어머니까지 모시는 상황에서 막내인 퇴계를 공부시키는 것에 큰 열의를 보이기는 힘들었을 것이다. 실제로 춘천 박씨는 농사와 양잠으로 식솔을 거두는 일만으로도 고된 삶을 살았다. 퇴계에게는 늘 편모슬하의 자식으로서 남에게 손가락질 받을 짓을 하면 안 된다며 매우 엄하게 가르쳤다. 퇴계가 어머니에게 배운 것은 남을 위해 희생하는 어머니의 삶을 직접 겪으면서 깨달은 생생한 현장 가르침이었고, 틈날 때마다 자식을 앉혀놓고 훈계하는 말 속에 담긴 걱정과 우려, 해야 할 것과 하지 말아야 할 것에 대한 조선시대 양갓집 아녀자의 평균적인 철학이었다. 하지만 아버지의 부재는 퇴계를 일찍부터 책으로 이끌었고 역대 성현들의 육성을 직접 대하면서 자연스럽게 공부하는 환경을 만들어주었다. 고생하는 어머니 곁에서 읽는 책의 구절들은 한 글자 한 글자 보이지 않는 채찍으로 어린 퇴계의 정신을 벼려주었고, 자신의 욕심을 내려놓고 가볍지만 단단한 생을 살다 간 선현들의 삶을 더욱 그의 뇌리에 각인시켰다.

조모는 생존해 계셨으나 조부는 돌아가시고 안 계셨다. 따라서 퇴계 집안의 가장 큰 어른 또한 여성이었다. 할머니 영양 김씨는 퇴계가 22세 되던 해인 1522년 93세를 일기로 돌아가셨다. 어머니는 퇴계가 37세 되던 해인 1537년 68세를 일기로 세상을 뜨셨다. 퇴계에게 두 분 어른의 영향은 그가 학계에서 명성을 떨치던 시기까지 지속되었다.

최근까지 퇴계의 이러한 유년 시절은 아버지를 일찍 여읜 불행으로 여겨졌다. 퇴계는 거의 유복자나 마찬가지였고, 어머니 춘천 박씨가 갖은 고난 속에서 7남매를 키워내는 불굴의 의지를 지닌 여인이었다는 점이 강조되었다. 마치 공자처럼 퇴계 또한 어려운 가정환경 속에서 스스로 몸가짐을 바르게 하고 학업에 힘써 대성할 수 있었다는 점이 유사하게 거론되기도 했다.

하지만 '아버지의 빈자리', 즉 부성의 부재가 부각되는 과정에서 '어머니의 큰 자리', 즉 모성이 확장되는 모습은 제대로 주목받지 못한 듯하다. 퇴계의 삶에서 여성이 차지하는 비중은 우리가 생각하는 것 이상으로 컸다. 할머니, 어머니, 첫째 부인, 둘째 부인, 며느리와 손자며느리로 이어지는 '퇴계의 여인들'은 그에게 큰 영향을 미쳤거나 큰 영향을 받았다. 여인과의 관계를 시작으로 대유학자의 삶을 되돌아보려는 가장 큰 이유는 퇴계가 죽는 순간까지 보여준 타인을 향한 겸양과 섬김의 자세, 귀함과 천함을 가리지 않고 사람을 아낀 평등사상을 이해하는 데 하나의 나침반 역할을 해줄 수 있기 때문이다. 성호와 함께 퇴계의 영향을 가장 크게 받은 다산 정약용은 『도산사숙록陶山私淑錄』에서 "퇴계가 임금께 올린 진언, 진퇴에 대한 시간 선택, 공정한 인물평, 소인을 멀리한 일, 정신을 한곳에 쏟아 흐트러지지 않는 수양 공부, 겸양하는 태도, 쉼 없이 연구한 진리에의 추구, 저술에 대한 겸손, 정존靜存과 통찰洞察, 심오한 학문, 순수하고 지극한 정성, 바르고 곧고 엄격하고 과단성 있는 점, 예악을 존중한 점, 마음을 다스리는 수양 공부, 조심해서 몸을 바르게 지니며 이치를 궁구함, 비판정신과 위대한 교육"[3]이 퇴계를 사숙하고 흠모하는 이유라고 밝혔다. 유배지에서 퇴계의 책과 편지를 구해 베껴가면서 마음으로 사숙한 다산은 자신이 마주한 200여 년 전의 이 선배 학자가 보여준 학문적, 윤리적 경지에 경탄을 금치 못했다.

여기서 '겸양하는 태도'와 '순수하고 지극한 정성'은 정신이 좀 모자란 부인에게, 여자 종이 낳은 자식에게까지 순정하게 펼쳐졌다. 욕심을 내려놓고 끊임없이 스스로를 경계하는 것 또한 어머니의 가르침에 따른 결과라고 할 수 있다.

퇴계와 여성의 만남을 보면 유학자 퇴계가 아닌 자연인 퇴계의 인성에 깃든 섬김의 리더십을 발견할 수 있다. 즉 지배하기보다는 섬김으로써 오히려 다스릴 수 있는 고차원의 윤리와 철학은 구체적으로 그의 삶을 만들고 영향을 준 여성과의 관계 속에서 재검토될 필요가 있다는 것이다. 1장 '퇴계가 받든 여인들', 2장 '퇴계를 만든 여인들'을 통해서 퇴계와 여성의 관계를 재규명해본 다음, 3장에서는 이러한 것이 어떻게 백성들의 삶 깊숙한 곳에서 그들과 같은 밥과 반찬을 먹고 아랫사람을 먼저 받드는 한유寒儒의 삶으로 완성되는지를 살펴보도록 하겠다.

차례

1장

퇴계가 받든 여인들

첫째 부인과 둘째 부인 | 권씨 부인과의 만남 | 제사 음식을 집어먹다 | 흰 도포 자락을 빨간 헝겊으로 꿰매다 | 죽령에서 부인의 영구靈柩를 맞이하다 | 처가의 제사를 모시다 | 장모 걱정에 밤잠을 못 이루다 | 군자의 도道는 부부에게서 시작된다 | 서로를 손님처럼 공경하라 | 시아버님 묘소 가까이에 묻어달라 | 청상과부 홀로 빈소를 지키니 어찌 할꼬

첫째 부인과 둘째 부인

퇴계는 21세 되던 해에 영주榮州 초곡草谷(푸실이라고도 함) 마을의 동갑내기 김해 허씨에게 장가를 들었다. 원래 이들은 경남 고성에서 의령(가례嘉禮마을)으로 이주하여 살았으나, 퇴계의 장인 허찬許瓚(1481~1535, 호는 묵재默齋)이 아들이 없었던 안동 문씨 문경동文敬仝(1457~1521, 호는 창계滄溪)의 맏딸과 혼인하여 처가살이를 하기 위해 초곡마을로 옮겨왔다. 그러나 불행하게도 허씨 부인(1501~1527)은 퇴계가 27세 되던 해에 이준李寯(1523~1583)과 이채李寀(1527~1548) 등 아들 형제를 남겨둔 채 눈을 감았다. 당시 장남이 다섯 살이었고, 차남은 태어난지 겨우 한 달이 지났을 무렵이었다. 정확한 기록은 전하지 않지만 아마 난산亂産으로 인한 후유증에 시달리다가 숨을 거둔 것 같다. 어쨌든 이런 이유로 퇴계는 허씨 부인의 삼년상을 치른 뒤 나이 서른에 재혼한다. 상대는 안동 권씨 권질權礩(1483~1545, 호는 사락정四樂亭)의 딸이었는데, 한 가지 커다란 흠이 있다면 정신이 온전치 못하다는 것이었다.

퇴계의 둘째 부인 권씨의 친정은 안동의 풍천면 가일로, 안동 권

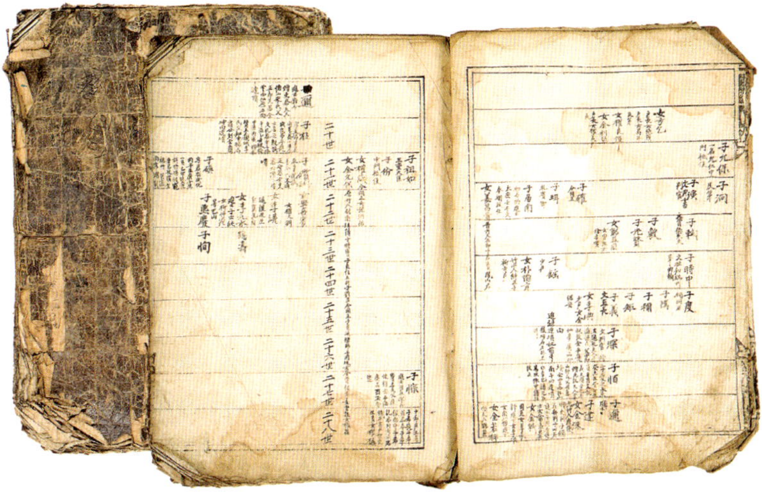

『안동권씨세보』, 36.2×27.2㎝, 18세기, 안동 권씨 지산문고, 유교문화박물관.

씨들이 대대로 모둠살이를 이루며 살아온 마을이다. 뛰어난 인물을 많이 배출했다 하여 '가일佳日 권씨'로 불리기도 하는데, 이들이 살아온 내력은 그야말로 구구절절하다.

가일 권씨의 중시조 권주權柱(1457~1505, 호는 화산花山)는 입향조인 조부 권항權恒과 아버지 권이權邇의 가통을 이어 중앙 정계에서 왕성한 활동을 펼친 인물이다. 문과에 급제한 뒤 벼슬이 참판에까지 올랐다. 그는 당대의 대표적인 중앙 관료이며 벌족閥族인 고성 이씨 이칙李則의 사위가 되었고, 대제학 홍귀달洪貴達 등과 사돈을 맺을 정도로 가일 권씨 가문을 명문가로 자라나게 했다.

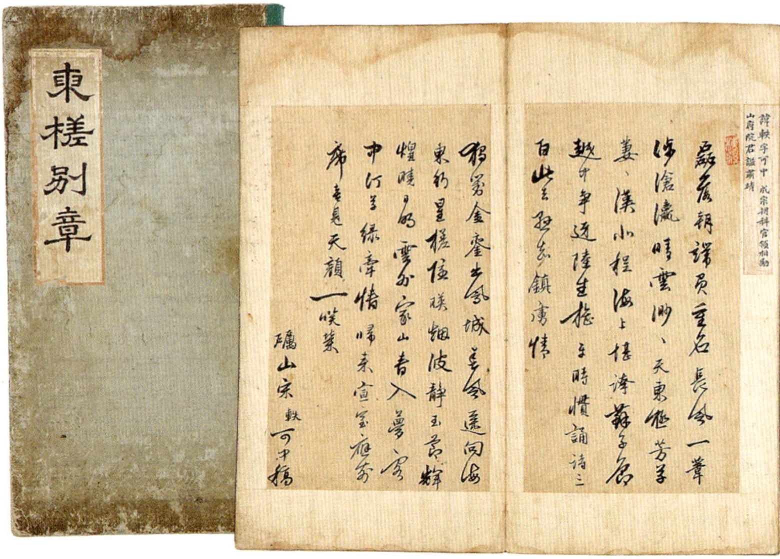

『동사별장東槎別章』, 45.2×24.5cm, 1494, 안동 권씨 병곡종택 기탁, 유교문화박물관. 성종 25년 권주가 대마도 경차관으로 떠날 때 명유들로부터 받은 글을 모아 엮은 첩이다. 홍귀달, 이승건, 김감, 박의영 등의 글이 실렸다.

1504년, 이런 그에게 불행의 그림자가 드리운다. 당시 그는 연산군 갑자사화에 연루되어 평해로 유배되었는데, 이때 장남 권질도 거제도로 귀양을 가게 된다. 그리고 이듬해 6월 평해에 유배 중이던 권주는 사약이 내려졌다는 소식을 듣고 높은 누각에서 투신하여 스스로 목숨을 끊었고, 부인 고성 이씨는 남편의 소식을 전해 듣고 자결했다.

훗날 권질은 중종반정으로 풀려나서 녹용자손錄用子孫[4]의 대우를 받아 연산군에게 빼앗겼던 재산을 되찾고 음보蔭補로 현릉참봉 등의 벼슬도 지냈다. 권씨 부인은 이 무렵에 태어났다. 그러나 이러한 평온도 잠시뿐, 거센 회오리는 멈추지 않았다. 권질의 아우 권전權碩(1486~1521)이 기묘사화에 연루되었다가 2년 뒤인 1521년 신사무옥으로 곤장을 맞던 중 형장에서 숨을 거둔 것이다. 이때 권질은 또다시 귀양을 가게 되는데, 유배지는 퇴계의 고향 예안이었다. 당시 어린 나이의 권씨 부인은 작은아버지가 극형을 당하고, 아버지가 귀양을 가는 광경을 지켜보면서 그야말로 혼비백산이 되고 말았다. 그러더니 끝내 정신을 회복하지 못했다.

권씨 부인과의 만남

집안에 참극이 벌어질 때 권씨 부인은 어머니 정선 전씨旌善全氏와 단둘이서 서울 집에 남아 있었다. 이에 불안을 느낀 어머니는 딸의 손을 잡고 남편의 유배지인 예안으로 내려왔다. 이로써 세 식구의 유배지 생활이 시작되었다. 어느새 9년이라는 세월이 흘렀다. 권씨 부인도 비록 정신은 온전치 않았지만, 혼기가 찬 어엿한 규수로 자랐다. 집안의 잔심부름도 곧잘 했다. 권질은 이런 딸의 모습을 바라볼 때마다 마음이 편치 않았다. 그동안 이리저리 혼처 자리를 수소문해보았지만, 마땅한 곳을 찾지 못했기 때문이다.

그러던 어느 날 권질은 이웃 온혜에 살고 있던 퇴계를 조용히 불렀다. 사실 퇴계는 일찍이 권주(권씨 부인의 조부)의 인물됨을 흠모하고

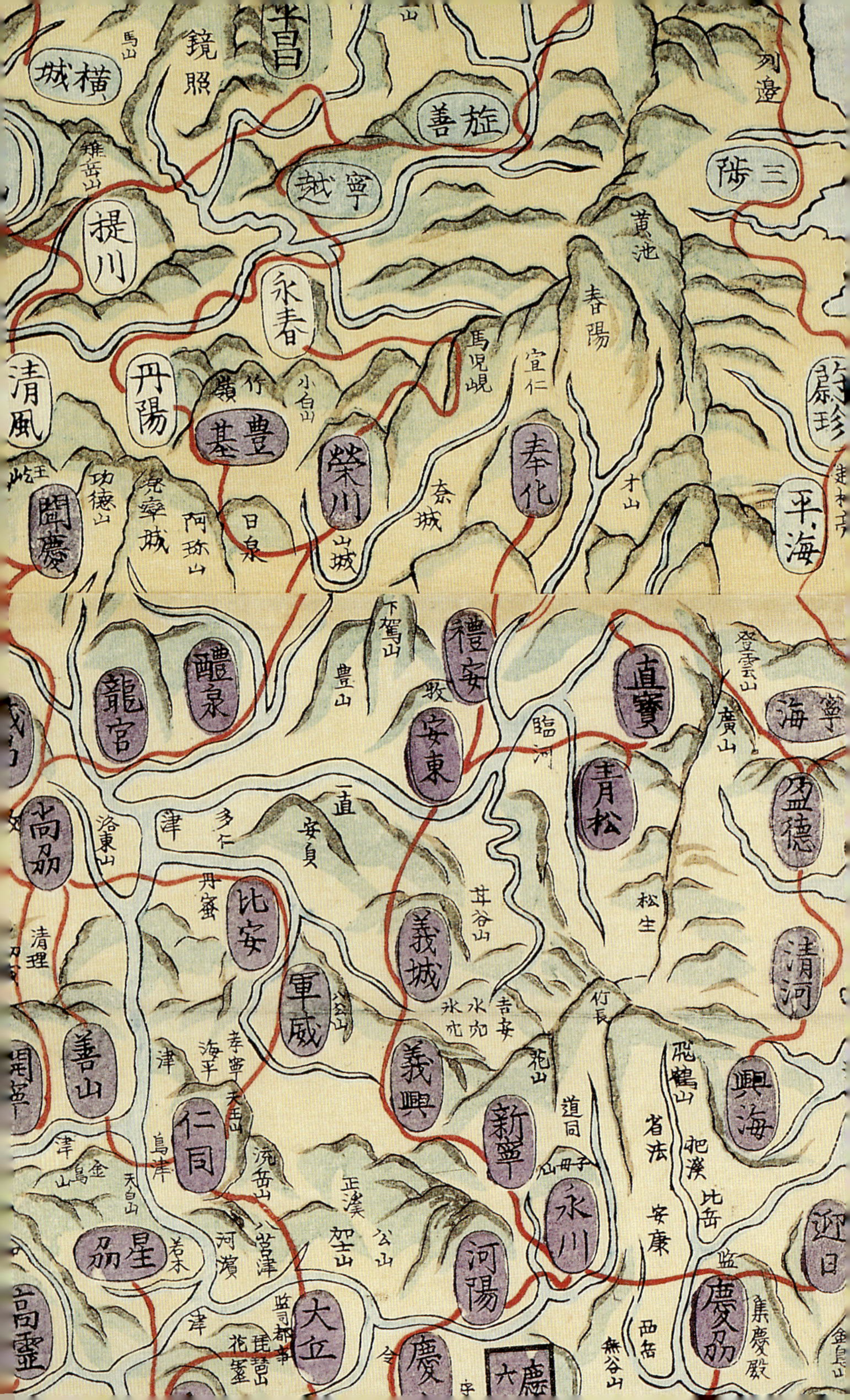

橫城
鏡照
旌善
寧越
三陟
提川
永春
黃池
春陽
丹陽
清風
豐基
竹嶺
小白山
榮川
奉化
宣仁
蔚珍
平海
聞慶
功德山
奈城
才山
日泉
山城
醴泉
龍宮
禮安
豐山
安東
臨河
直寶
青松
寧海
盈德
尙州
洛東山
比安
義城
軍威
清河
松生
善山
仁同
義興
新寧
永川
興海
迎日
星州
大丘
河陽
慶州
高靈
安康
八公山
公山
飛鶴山

있었으며, 또 그 아들인 권전(권씨 부인의 숙부) 등 현량과 출신의 사림을 높이 평가하고 있었다. 그러는 가운데 부자가 억울하게 참화를 당해 안타깝게 생각하고 있었는데, 권질이 자신이 살고 있는 고을에 유배되어 왔다는 소식을 듣고 이따금 방문하여 마음을 달래주곤 했다.

권질은 부름을 받고 달려온 퇴계를 향해 “자네, 3년 전 상처를 하고 나서 재혼은 했는가?” 하고 물었다. 퇴계가 아직 둘째 부인을 들이지 않았다는 사실을 누구보다 잘 알고 있었지만 이야기의 물꼬를 트기 위해 던져본 말이었다.

“아직 하지 않았습니다.”

“이보게! 자네는 우리 집 사정을 잘 알지 않는가? 집안이 잇달아 참극을 당하는 바람에 내 여식이 정신이 온전치 못하네. 그러니 누가 데리고 가겠는가? 내가 이곳에 온 지 10년이 되어가고 또 언제 풀려날지 모르는 처지에 혼기를 넘긴 여식을 그저 보고만 있자니, 가슴이 먹먹하네. 그래서 오늘 자네에게 내 여식을 부탁하려고 이렇게 불렀네. 아무리 생각하고 궁리를 해봐도 자네밖에는 믿고 맡길 사람이 없으니, 어찌 하겠나?”

퇴계는 말없이 한참을 생각하고는 대답했다.

“예, 알겠습니다. 제가 맞이하겠습니다. 어머님께 허락을 받은 다

「조선국세견전도朝鮮國細見全圖」, 100.5×71.5cm, 1873, 영남대박물관.

을 예禮를 갖추도록 하겠습니다. 그러니 마음 놓으시고 아무쪼록 기력을 보존하십시오."

물론 이것은 구전으로 전해 내려오는 이야기다. 퇴계와 권씨 부인이 실제 어떻게 맺어졌는지에 대해서는 확실히 밝혀진 것이 없다. 다만 짐작하건대, 사람들은 당대 최고의 학자였던 퇴계 이황이 정신이 온전치 않은 권씨 부인을 둘째 부인으로 맞았다는 사실을 받아들이기 힘들었을 것이고, 이에 스스로 납득할 만한 전후 맥락을 끼워 맞춘 것은 아닐까, 하고 생각한다.[5]

퇴계는 이렇게 서른의 나이에 권씨를 둘째 부인으로 맞아 그 이듬해 온혜 남쪽에 위치한 양곡暘谷에 지산와사芝山蝸舍를 세워 신접살림을 꾸렸다. 이때 퇴계가 남긴 시 한 수가 전한다.

영지산 끊어진 기슭 곁에 새 집 지었더니
그 모습 달팽이 같아 몸 겨우 감출 수 있네
북쪽으로는 낭떠러지 마음에 들지 않지만
남쪽으로 안개와 노을 휘감아 운치 넘쳐나네
아침저녁 어머님께 문안드리기 가까우니 좋을 뿐
어찌 방향에 따라 춥고 더움을 가리랴?
달 바라다보고 산 쳐다보는 꿈 이미 이루었으니
이밖에 어찌 좋고 나쁨을 저울질하랴?

퇴계가 권씨 부인과 신접살림을 차린 곳은 말 그대로 '달팽이 같은 겨우 몸을 감출 만한 작은 집'이었다. 하지만 남쪽으로 아침저녁 안개와 노을이 산천을 감아도는 풍광이 펼쳐져 있고, 또 어머님 거처와 가까이 있어 문안드리기에는 더없이 좋은 곳이었다. 이 집은 퇴계가 벼슬길에 나가 있는 동안 장남 이준이 기거했는데 이곳에서 손자 이안도李安道(1541~1584, 호는 몽재蒙齋)가 태어났다. 그 뒤 이준은 외내(오천烏川)에 가서 처가살이를 했고, 이 집은 종손서從孫壻인 영천 이씨 이국량李國樑[6]에게 주었다.

원래 퇴계는 21세에 허씨 부인과 혼인하여 온혜(노송정)에서 분가를 해서 따로 살고 있었으나 26세 되던 해에 넷째 형님인 이해李瀣(1496~1550, 호는 온계溫溪)가 서울 성균관에 유학하러 떠나자 어머니 춘천 박씨를 모시기 위해 형님 집(삼백당)으로 들어갔다가 다시 나온 것이다.

퇴계는 이 달팽이집에서 서른넷 되던 해에 문과에 급제했다. 그러고는 벼슬길에 올랐는데, 서울 서소문에 집을 빌려 권씨 부인과 함께 지냈다. 그런데 정신이 온전치 않았던 권씨 부인은 일상생활에서도 기이한 행동을 곧잘 했다. 이런 이유로 퇴계를 난처하게 만든 적이 한두 번이 아니었다.

제사 음식을 집어먹다

조부의 제삿날에 식구들이 온혜에 있는 큰형 집에 모였다. 제사상을 차리느라 모두 분주히 움직이는 가운데 상 위에서 배가 하나 떨어졌다. 그러자 권씨 부인은 재빨리 배를 집어 치마 속에 숨겼다. 이를 본 큰형수가 동서를 나무랐다.

"이보게, 동서! 제사상을 차리는데 과일이 떨어진 것은 우리 정성이 부족했기 때문이라네. 그런데 그것을 치마 속에 감추면 어찌하겠단 말인가."

이 광경을 지켜보던 여인들은 차마 뭐라 할 수 없어 손으로 입을 가리고 웃을 뿐이었다. 바깥 대청에서 왁자지껄하는 소리가 들리자 퇴계는 밖으로 나와 자초지종을 듣게 되었다. 서둘러 큰형수에게 가서 정중히 사과를 드렸다.

"죄송합니다. 앞으로 제가 잘 가르치겠습니다. 그리고 손자며느리의 잘못이니, 돌아가신 할아버지께서도 귀엽게 보시고 화를 내시지는 않을 것입니다. 부디 용서해주십시오."

그러고는 권씨 부인을 따로 불러 치마 속에 배를 숨긴 이유를 물었다. 배가 먹고 싶어서 숨겼다고 하자, 퇴계는 치마 속에 감춘 배를 달라고 한 뒤 손수 껍질을 깎아 잘라주었다.

이 이야기의 또 다른 유형은 다음과 같이 전한다.

일가친척이 제사를 모시려고 큰집에 모였다. 분주하게 제물을 마

『진성이씨세보』, 33.3×22.0cm, 1912, 서울역사박물관.

련하고 늦은 밤이 되어 진설하기 시작하는데, 권씨 부인이 제사상 주변을 서성거리다가 대추를 하나 집어먹었다. 이에 친척들이 일제히 퇴계에게 불만의 시선을 보냈다. 제사상의 대추를 먹은 사람은 권씨 부인이지만, 어차피 소통이 어려운 상대인지라 그런 부인을 제대로 챙기지 못한 퇴계를 원망했던 것이다. 이런 상황에서도 퇴계는 의연하게 감싸줬다.

"제사도 지내기 전에 손자며느리가 먼저 음복을 하는 것은 분명

예절을 벗어난 일입니다. 그러나 할아버님께서도 손부孫婦(손자며느리)를 귀엽게 여기실 터이니 그리 노여워하지는 않으실 겁니다."

퇴계는 안동 도산 온혜리에 위치한 노송정 종택에서 아버지 이식李埴(1463~1502)과 어머니 춘천 박씨(1470~1537) 사이에서 태어났다. 노송정老松亭은 퇴계의 조부 이계양李繼陽(1424~1488)의 호號인데, 1455년에 가옥을 세워 이름을 노송정이라 하고 자신의 호로 삼았다. 이계양의 장남이 퇴계의 아버지이고, 차남은 이우李堣(1469~1517, 호는 송재松齋)다. 퇴계의 아버지는 첫 부인 의성 김씨와의 사이에 이잠李潛(1479~1536)과 이하李河(1482~1544) 등 2남1녀를 두었고, 춘천 박씨와는 이의李漪(1494~1532), 이해李瀣(1496~1550), 이징李澄(1498~1582, 호는 이옹伊翁, 신야莘野), 이황, 이렇게 아들 사형제를 낳았는데 퇴계는 7남매 가운데 6형제의 막내였다.

조부 이계양은 퇴계가 태어나기 13년 전에 작고했으며, 장남이었던 아버지마저도 퇴계가 태어난 지 일곱 달 만에 세상을 떴다. 그래서 큰형이 식구들을 거느리고 노송정에서 살고 있었다. 뒷날 퇴계는 혼인하여 이웃에 분가를 해서 살았다. 이날은 온혜 큰집(노송정)에서 조부 이계양의 제사를 모시는 날이었다. 그래서 비록 온전치 않은 여인이기는 해도 자손으로서의 도리를 다하기 위해 일찌감치 부인을 데리고 온혜로 걸음을 옮겼던 것이다.

모두 분주하게 제물을 장만하는 가운데 이윽고 시간이 되어 제사상에 제물을 차리기 시작하는데, 권씨 부인이 제물을 집어먹는 사건이

「이우 정국공신화상」, 비단에 채색, 167.5×103.6cm, 18세기, 진성 이씨 송당종택 기탁, 유교문화박물관.

벌어졌다. 예나 지금이나 손님상과 어른 밥상에 놓인 음식을 아랫사람이 먼저 먹는 일은 무례한 행위로 여겨져 꾸지람을 면치 못한다. 더구나 경건하고 신성한 제사 음식에 손을 댔으니 그야말로 아찔한 순간이었을 것이다. 평소『소학』등 일상적인 범절에 큰 관심을 갖고 있던 퇴계 역시 권씨 부인이 저지른 일의 심각성을 누구보다도 잘 알고 있었지만, "귀여운 손자며느리인지라 크게 노여워하지는 않을 것입니다"라는 말로 상황을 지혜롭게 수습했다.

『퇴계선생언행록』에 다음과 같은 내용이 적혀 있다.

거처하신 곳은 반드시 조용했고
책상은 반드시 깔끔하게 청소하셨다.
벽에는 도서가 가득했으나 늘 정리되어 어지럽지 않았다.
새벽에 일어나서는 반드시 향을 피우고
조용히 앉아 하루 종일 책을 읽으셨다.
한 번도 나태한 모습을 볼 수 없었다.
평상시 먼동이 트기 전에 일어나 이부자리를 개고
세수하고 머리를 빗고 의관을 정제하신 다음
날마다『소학』으로 자신을 가다듬으셨다.

제자들이 회고하는 퇴계의 평소 모습이다. 이처럼 퇴계는 학문적 위대함 못지않게 일상생활에서의 몸가짐에도 각별한 주의를 기울였다.

서기書几, 도산서원. 퇴계 이황이 사용하던 유품.

그럼에도 퇴계는 권씨 부인의 어이없는 행동에 노여움을 보이기는커녕 오히려 재치 있는 설명으로 주변의 이해를 구했던 것이다. 퇴계의 이런 태도는 안동 권씨의 모자람을 채워주고자 했던 것으로, 그의 인간 중심적 사고에 바탕한 배려의 마음이라고 할 수 있다.

흰 도포 자락을 빨간 헝겊으로 꿰매다

하루는 퇴계가 상가喪家에 문상을 가기 위해 도포를 입으려다가 도포 자락이 너덜하게 닳아 해진 곳을 발견하고 권씨 부인에게 꿰매달라고 했다. 그러자 권씨는 빨간 헝겊을 가져다가 기워주었다. 퇴계는 아무렇지도 않은 듯 도포를 입고 상가로 향했다. 이때 사람들이 퇴계 주위로 몰려들더니 물었다.

"원래 흰 도포는 빨간 헝겊으로 기워야 하는 것입니까?"

퇴계는 빙그레 미소만 지을 뿐 아무런 대꾸도 하지 않았다. 이후 사람들은 옛날 법도에 정통한 퇴계의 옷차림을 흉내 내서 닳지도 않은 흰색 도포에 일부러 빨간 헝겊을 덧대어 기워 입기도 했다.

이 이야기의 또 다른 유형은 다음과 같다.

퇴계가 조회朝會에 참석하기 위해 입궐을 앞두고 도포를 입던 중 도포 자락이 해져 있어 권씨 부인에게 꿰매달라고 했다. 부인은 새빨간 헝겊을 대고 해진 곳을 꿰매주었다. 퇴계는 태연스럽게 부인이 꿰매준 도포를 입고 조회에 참석했다. 그러자 문무백관들이 퇴계 주위에 구름처럼 모여들더니 그중 한 사람이 말했다.

"선생님! 해진 도포를 빨간 헝겊으로 꿰매야 하는 법이 있습니까?"

평소 퇴계가 워낙 법도에 정통해 있는지라 자못 궁금했던 것이다. 퇴계는 아무 대답도 하지 않고 웃을 따름이었다.

이야기의 배경만 다를 뿐 전달하려는 메시지는 같다. 빨간 헝겊으로 꿰맨 흰색 도포! 도저히 어울릴 수 없는 배합이다. 그것도 당대에 지知와 덕德을 두루 갖추고 수많은 사람으로부터 존숭받은 대유학자가 이런 우스꽝스러운 옷을 입고 거리를 활보하는 모습은 상상만으로도 아찔하다. 그런데 사실 사리분별을 제대로 할 수 없었던 권씨 부인은 그렇다 치더라도, 이런 옷을 걸치고 집을 나섰던 퇴계야말로 범인凡人의 경지를 초월한 것이 분명하다.

퇴계는 평소 검소하고 질박하게 생활했다. 입는 것에서부터 먹는 것, 거처하는 곳 모두 지나침 없이 분수를 지키려고 노력했다. 퇴계가 풍기군수로 있을 때 아들 이준李儁에게 보낸 편지 가운데 다음과 같은 사연이 있다.

> 내 갓과 신발이 모두 낡아서 새로 마련해야겠다. 집에 남은 무명 중에서 4, 5필을 인편에 보내도록 해라. 소박한 것이면 된다. 지금 이곳에는 베가 귀하고 또 내가 함부로 쓸 수도 없구나.

낡은 갓과 신발을 몸에 걸치고 있는 퇴계의 모습은 '한유寒儒' 그 자체였다. 퇴계는 소명을 받고 상경하기 전에 아들 준에게 편지를 보내 이렇게 말하기도 했다. "들리는 소문에 고을에서 내 옷과 안장 덮개를 해준다는데 이번에는 새 옷을 입지 않아도 되기에 헌옷을 기워 빨았으니 잘 말해서 돌려보내라. 여러 관원에게 전별할 생각은 아예 하지 말도록 네가 단단히 이야기해서 꼭 중지시켜라. 듣지 않으면 내 병이 또 더 심해질 것이다." 퇴계는 선비에게 있어 가난함은 부끄러움이 아니라 떳떳함이라고 하면서 '한유'라는 말을 즐겨 썼다. 그러면서 '산은 깊을수록 좋고 물은 멀수록 좋으며 글씨는 맛이 있어야 하고 사람은 가난한 데서 낙樂이 있다'라며, 가난을 선비의 당연한 삶으로 받아들였다.

퇴계가 62세 때 손자 이안도에게 보낸 편지에는 이런 내용이 있다.

> 나는 추위를 많이 타기 때문에 털옷이 없으면 겨울을 나기가 힘든데, 양털 옷 한 벌로 20년을 지냈더니 이젠 구멍이 나고 다 해졌다. 여간 큰일이 아니다. 새로 살 돈이 없으니 걱정이다. 베 몇 필이면 살 수 있을지 가격을 좀 알아보아라. 살 궁리를 좀 해보아라.

나이 마흔에 털옷을 구입하여 예순까지 입었으니 옷의 상태가 어느 정도였을지는 짐작이 간다. 또 털옷을 살 돈이 없어서 이러저리 궁리하는 퇴계의 모습에서 차가운 선비의 고고함, 곧 '한유寒儒'의 풍모가 절로 느껴진다.

평소 검약을 강조했던 퇴계는 옷차림에 크게 까다로움을 부리지 않은 것 같다. 그렇다보니 빨간 헝겊으로 꿰맨 흰 도포를 입고도 거리에 나설 수 있었을 것이고, 그것이 당시 서울 선비들에게 일대 유행을 일으켰다는 웃지 못할 이야기다.

사실 권씨 부인에 대한 일화는 다소 과장되었을 가능성이 크다. 다만 이 이야기는 권씨 부인의 상태가 몹시 중증이었다는 것을 전달하는 데에는 나름 성공을 거둔 셈이다. 또 이런 부인을 홀대하지 않고 사랑과 배려로 감싸주고 있는 퇴계의 인품을 새삼 확인시켜주기도 한다. 이처럼 비록 허구의 이야기일지라도, 목적하는 바가 뚜렷하면 오랫동안 사람들의 입에 오르내리게 마련이다. 이것이 바로 이야기의 힘이다.

이 두 편의 이야기가 권씨 부인을 둘러싼 일화다. 정신이 온전치 않다고 알려진 것치고는 의외로 많지 않다. 그러는 가운데 이런 이야기도 전한다.

하루는 퇴계가 제자들과 함께 글을 짓고 있었는데, 마침 벼루에 물이 떨어진 터라 권씨 부인에게 물을 가져다달라고 했다. 그러자 부인은 마당에 있는 우물로 가서 커다란 물동이에 물을 가득 채운 다음 머리에 이고 방으로 들어와서 벼루에 붓기 시작했는데, 신기하게도 옆으로 새지 않고 정확하게 들이부었다. 제자들은 애써 웃음을 참고 있는데, 퇴계는 묵묵히 물을 붓기만을 기다리다가 권씨 부인이 방에서 나가자 아무렇지도 않다는 듯이 글을 짓기 시작했다.

앞의 두 이야기에 비해 실수의 수위가 비교적 높은 편이다. 그런데 흥미로운 점은 세 편의 이야기에서 권씨 부인이 실수를 할 때마다 등장하는 대상이 '친족(집안)—동료(관직)—제자(학문)' 등과 같이 제각각이라는 점이다. 이들은 퇴계의 삶에서 주된 인간관계를 형성했던 사람들로서, 권씨 부인으로 인해 고달팠던 퇴계의 상황을 보다 생생하게 전달하기 위해 설정해둔 것은 아닐까, 하고 생각해본다.

죽령에서 부인의 영구靈柩를 맞이하다

1546년 7월 2일, 권씨 부인은 서울 서소문 집에서 숨을 거둔다. 첫아이를 낳다가 변을 당했는데, 아이도 목숨을 건지지 못했다. 당시 퇴계는 그해 2월 장인 권질의 장례를 치르기 위해 내려와서 기력이 쇠잔해져 서울로 돌아가지 못하고 요양하고 있었다. 그러던 중 넷째 형인 이해로부터 부인이 죽었다는 이야기를 전해 들었던 것이다. 퇴계는 권씨 부인의 죽음을 두고 "나의 죄와 액혼이 쌓여 당한 것"이라며 몹시 슬퍼했다. 마지막 순간을 함께하지 못한 것에 대한 회한의 슬픔이었다. 서둘러 두 아들을 서울로 보내서 운구해오도록 지시했다. 그러고는 서울에 간 아들에게 편지를 보냈다.[7]

> 일이 이 지경에 이르니 놀랍고 애통하여 어찌할 줄을 모르겠구나. 비단 내가 여기에 있고, 너희가 모두 가서 임종하지 못했다고 그러는 것이 아니라 영원히 이별하는 아픔은 무어라고 말할 수가 없구나. 너희 모두가 초상에 달려감에 이러한 지독한 더위에 고생하여 병이나 생기지 않을까 두려운 마음을 어이 다 표현하리오! 어찌 하고 어찌 해야 할지를 알 수가 없구나. 집 안은 비로 쓸어낸 듯이 아무것도 없으니 초상을 당하여 궁색함을 알 만하다. 속히 일을 도모하여 출발할 날짜를 정하여 미리 알리는 것이 좋을 것이다. 나머지는 마음이 어지러워 두루 적지 못한다. 오직 신중하게 대처하기를 바라고 바랄 뿐이다.

생전에 어처구니없는 실수로 자신을 곤란한 지경에 빠뜨렸던 부

요여腰輿, 오동나무, 67.0×107.5×102.0cm, 20세기, 온양민속박물관. 영구를 장지로 옮길 때 혼백을 싣고 가는 가마로, 탈골할 때는 혼백과 함께 신주를 싣고 왔다.

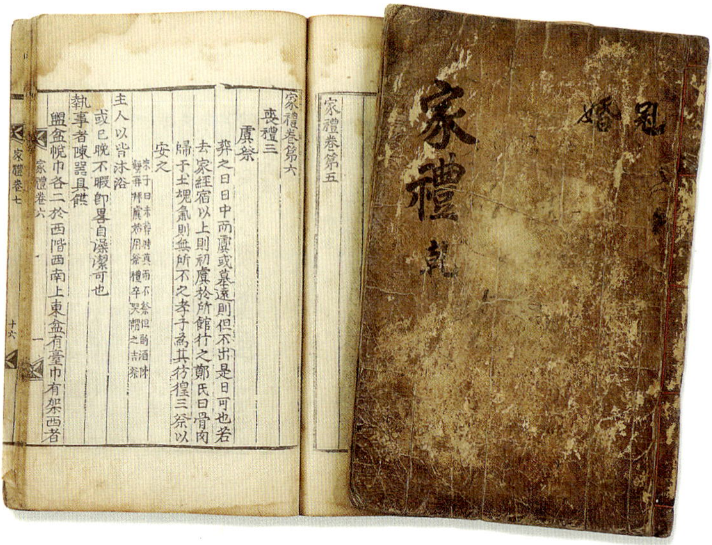

『가례』, 20.6×30.8cm, 인동 장씨 회당종택, 18세기, 유교문화박물관.

인의 죽음을 당해 '영원히 이별하는 아픔은 무어라고 말할 수 없다'면서 애통해하는 퇴계의 모습은 참으로 인간적이다. 뿐만 아니다. 퇴계는 두 아들에게 권씨 부인이 비록 계모이긴 하나 생모에게 하듯이 적모복嫡母服을 입게 했으며 시묘살이도 시켰다.

초상에는 슬픔을 주로 하니 모든 일은 『가례』를 참고하여 시속에

「자강복총自強伏塚」, 『오륜행실도』, 31.8×19.7cm, 조선 후기, 국립민속박물관. 부모의 묘에서 시묘살이하는 효자를 그린 것이다.

서 행하는 바를 마땅히 물어 힘써 조심하고 다른 사람과 의논하여 나무람을 듣지 않도록 하는 것이 지극히 마땅할 것이다. 더구나 너희는 모두 너희 어머니의 초상을 치르지 않았으니 이 초상이 너희 어머니의 초상이라는 마음으로 하면 저절로 삼가지 않을 수 없을 것이다. 어떤 사람은 계모가 친모와 차이가 있다고 말하지만 이것은 대개 뜻을 알지 못하여 경솔하게 하는 말로서, 사람을 의義가 아닌 것에 빠지게 하는 길로 들어서는 안 될 것이다.

퇴계가 두 아들에게 보낸 편지글이다.[8] 사실 이들 형제의 생모인 김해 허씨는 장남이 다섯 살, 차남이 1개월밖에 되지 않았을 때 세상을 떴다. 이처럼 어린 나이에 어머니를 여읜 까닭에 생모의 초상을 치르지 못했던 것이다. 이에 두 아들은 아버지의 지시대로 친모복을 입고, 대곡待哭(조문객을 맞이하는 절차)과 발인곡發引哭까지 마쳤다. 그 사이 퇴계는 답답한 심정으로 서울에 간 아들들에게 다시 편지를 보냈다.[9]

너희가 천릿길을 가서 무더위에 분상奔喪[10]을 하니 몸과 마음에 별탈이 없느냐? 나의 몸은 여기에 있지만 마음은 너희 곁에 있어 잠시도 잊을 수가 없으니 발인은 어느 때 하기로 하였느냐? 마땅히 신속히 처리하고 추수 전에는 내려오는 것이 좋을 것이다. 그리고 출발할 날짜를 미리 통보하면 말을 딸려 보낼 계획이다. 또한 배와 배를 모는 사람의 일 같은 것은 형님(이해)이 지휘하실 수가 있느냐? 아뢰고, 또한 그 가부를 알려다오. 충주, 청풍, 단양 아래 지역은 내가 주선할 계획이다. 발인 때에 하인을 더 보내야겠느냐? 이곳 역시 일이 많고 하인이 모자라는구나. 황석黃石(남자 종)이 서울에 도착하는 즉시 내려 보내는 것이 어떻겠느냐? 만약 발인 때 일을 시키려면 돌려보내지 말고, 뒤에 데리고 내려와도 괜찮다.

권씨 부인의 초상에서 모든 일과 운구는 넷째 형이 맡아주었다. 서울에서 충주까지는 형이 운구하고, 충주·청풍·단양 이하는 퇴계가 맡기로 했다. 남한강 수로를 이용하여 단양까지는 배로 운구했다. 당시 서울에 있던 조카들이 호송을 도와줬으며, 퇴계는 소백산맥 죽령에서 빈소를 마련하여 기다리기로 했다. 그런데 도중에 강물이 불어나 물살이 거세지는 바람에 시일은 예정보다 늦춰졌다.

우여곡절 끝에 영구는 8월 14일 무렵에야 예안에 도착했다. 7월 2일 숨을 거두고 나서 그달 28일에 발인하고 길을 나섰으니, 보름 남짓이 걸린 셈이다. 그러고는 가매장을 했다가 이듬해 10월 장사를 끝냈다. 백지산 동쪽 기슭에 묘를 써주었다. 두 아들은 산기슭에 여막을 지어 시묘살이를 했고, 퇴계는 건너편 동암 곁에 양진암養眞庵을 짓고 1년 넘게 머무르면서 마치 부인의 영혼을 위로하듯 지켜주었다. 그리고 양진암 주위를 흐르는 개천 '토계兎溪'의 '토'를 '퇴退'로 고치고 자신의 호로 삼았다.

「남한강실경산수도 영춘현」, 종이에 채색, 34.5×50.3cm, 19세기, 서울역사박물관. 오늘날 단양지역의 모습으로, 퇴계는 아내의 죽음을 당해 남한강 수로를 이용해 운구를 했다.

처가의 제사를 모시다

이처럼 퇴계는 권씨 부인의 마지막 가는 길까지 배려를 마다하지 않고 정성을 다했다. 그런가 하면 퇴계의 장인, 곧 권씨 부인의 아버지 권질은 딸보다 7개월 앞서 숨을 거뒀다. 17년간의 유배생활을 끝낸 권질은 어찌된 일인지 자신의 고향인 가일마을로 돌아가지 않고, 처가 정선 전씨旌善全氏의 세거지인 경남 거창군 마리면 영승마을로 내려가서 풍광 좋은 곳에 초당을 지어 몸과 마음을 다스렸다. 그러고는 서울에 있는 사위에게 초당의 이름을 지어줄 것을 부탁했고, 퇴계는 사락정四樂亭[11] 이라는 이름을 지어서 보내드렸다. 장인은 사위가 지어준 정자 이름을 자신의 호로 삼았다. 그만큼 장인과 사위가 서로 믿고 의지했던 것이다. 당시 퇴계는 '사락정'이라는 이름을 짓게 된 배경과 '농사짓기' '누에치기' '고기잡기' '땔감하기' 등의 제목을 붙인 시를 함께 보냈다.

> 안음현安陰縣에 마을이 있으니, 이름을 영송迎送이라고 한다. 산과 물은 맑고 토지는 기름지다. 전씨全氏들이 대대로 살던 곳이다. 시냇가에 정자를 지었는데 자못 그윽하다. 장인 권공權公이 귀양살이에서 돌아오자, 온 집안을 이끌고 남쪽으로 가서 이 마을에 우거寓居했다. 이 정자를 보면서 기뻐하여 새벽에 가서는 저녁이 되어도 돌아오기를 잊곤 했다. 서울에 있는 내게 정자 이름과 그에 따른 시를 청하였다. 나는 그곳의 훌륭한 경치를 익히 들은 터라 한번

『고사인물화보』, 진재해 외, 종이에 채색, 47.2×36.2cm, 18세기, 삼성미술관 리움.

「빈풍칠월도」, 이방운, 종이에 엷은 색, 25.6×20.1cm, 국립중앙박물관.

「풍속도 어선」, 비단에 채색, 50.3×35.2cm, 조선시대, 국립중앙박물관.

가보고자 했으나 뜻을 이루지 못한 지 10년이 되었다. 돌이켜보면 시골에 살면서 즐길 만한 것이 한두 가지가 아니다. 그래서 여럿이 함께 즐길 수 있는 것과 또 혼자서도 즐길 만한 것을 찾는다면 농사짓기와 누에치기, 고기잡기와 땔감하기의 네 가지가 있다. 이에 정자 이름을 사락四樂이라 하고, 그에 따른 시를 쓴다.

1543년 1월 4일, 퇴계는 장인의 회갑잔치에 참석하기 위해 영승마을로 향했다. 그곳에 머물면서 '영송迎送'이라는 마을 이름을 '영승迎勝'으로 고쳤다. 그 옛날 백제의 사신을 보내고 맞이하던 곳이라는 의미에서 '영송'이라는 이름을 얻었지만, 뜻이 그리 좋지 않다면서 마을의 아름다운 경치에 걸맞게 '영승'으로 바꾸었던 것이다. 그러면서 시 한 수를 짓는다.

영승마을에서 이른 봄을 맞이하여
매화와 버들 보니 이미 새싹을 다툰다
봄바람은 화창하여 앞 숲에 모이려는데
북쪽 기러기는 이제 또 물가로 돌아가려 하네
누가 허공에 부러 붓 휘둘러 월담을 만들었나?
나는 일찍이 구름집에 글 써 붙인 사람이라
술동이 앞에 두고 사헌부 일 말하지 마라
기뻐지는 들 정취에 상쾌하고 소박함이 참되나니

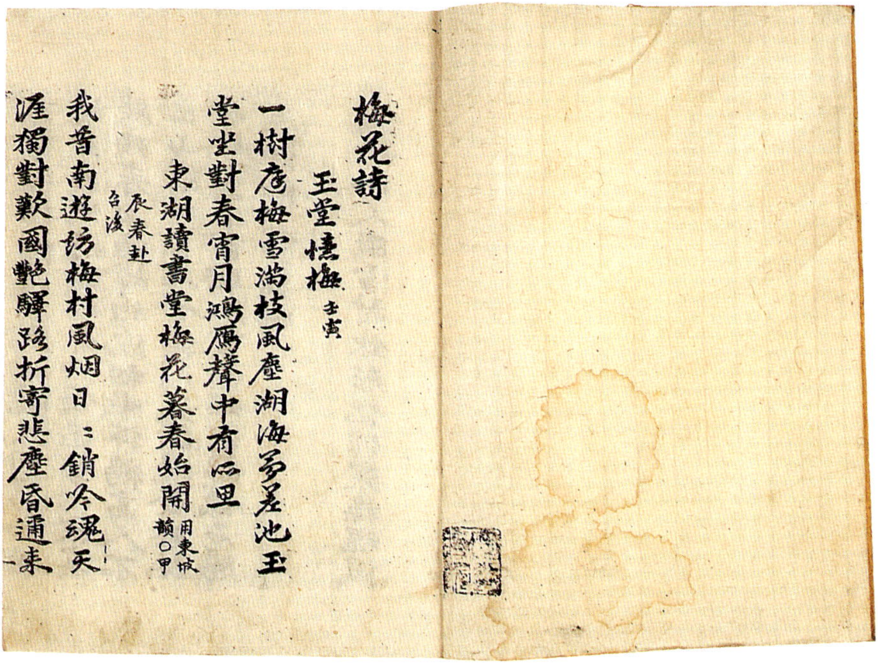
梅花詩
玉堂憶梅 壬寅
一樹庭梅雪滿枝風塵湖海夢差池玉
堂坐對春宵月鴻雁聲中有所思
東湖讀書堂梅花暮春始開 用東坡韻○甲
辰春赴召後
我昔南遊訪梅村風烟日日鎖吟魂天
涯獨對歎國艶驛路折寄悲塵昏通來

『매화시첩』, 이황, 도산서원운영위원회 기탁, 유교문화박물관.

시 제목은 「영승촌조춘迎勝村早春」이다. 현재 영승마을의 사락정에는 퇴계의 시판과 후대 인물들의 차운시次韻詩가 걸려 있다.

퇴계는 1546년 장인 권질이 숨을 거두자 후사(아들)를 두지 못한 것을 몹시 안타깝게 여겼다. 그래서 몸소 장인의 묘갈명(봉훈랑행광흥창봉사권공묘갈명奉訓郎行廣興倉奉事權公墓碣銘)을 써내려가면서 맨 마지막 부분에 "큰집의 뒤가 끊어지므로 내가 이 돌에 적어 새기노니 영원토록 잘 전할지어다"라는 문구를 덧붙여두었다.

성품은 착했으나 얻은 것은 궁했다.
곤궁으로 명命을 마쳤으나 그 중심은 어지럽지 않았다.
고가故家에 흐르는 향기여, 길사吉士의 고고한 풍류로다.
두 번의 귀양살이 탓하지 않고 낮은 벼슬인들 어떠하랴.
하늘의 갚음이 망망해서 백도伯道가 무후無後하구나.
이 돌에 새겨 이름을 후세에 전하도록 하나이다.

권씨 부인의 친정은 맏집이었다. 즉 가일마을 안동 권씨는 권의權義—권심權深—권항權恒—권이權邇—권주權柱—권질로 혈통적 계보를 잇고 있었는데, 권질이 아들을 두지 못했던 까닭에 퇴계는 장인의 비석에 '큰집의 뒤가 끊어지므로'라고 적어두었던 것이다. 그런가 하면 퇴계의 둘째 처숙부인 권전權磌(1486~1521) 역시 신사무옥으로 참극을 당하는 바람에 후사를 보지 못했고, 셋째 처숙부 권석權碣도 일찍 세상을 떴다. 다행히도 맨 끝 처숙부인 권굉權硡(1494~1563)에게는 아들(권의남權義男)이 있었다. 그러나 16세기만 하더라도 양자법이 보편적이지 않았던 터라 아무리 맏집일지라도 처사촌에게 제사를 맡길 수는 없는 것이었다.

사실 퇴계는 권질의 둘째 사위였다. 그러나 맏사위였던 안희빈安喜賓은 일찍 상처하여 아들(안동 권씨의 외손)을 두지 못했다. 물론 퇴계 역시 권씨 부인과의 사이에 자녀를 두지 않았지만, 처가의 딱한 사정을 외면할 수 없었기에 처조부모(권주 내외)와 처부모의 기제사, 묘사 등을 몸소 지내주었던 것이다. 1551년 퇴계가 아들 이준에게 보낸 편지에 이러한 내용이 있다.[12]

> 풍산에 술과 과실만 올린 것은 너무 보잘것없구나. 용손(남자종)이란 자는 내가 안동으로 돌아갈 때에 그 틈을 타고 와서 곡식은 4섬만 바칠 것이라고 하고 다시 남겨둘 것이 없다고 하니, 아마도

'제祭' 자문 제기, 높이 7.2cm, 입지름 18.4cm, 바닥 지름 9.5cm, 18세기 이후, 충현박물관. 퇴계는 처부모의 제사와 묘사 등을 몸소 지냈다.

몰래 착복한 것이리라. 비록 그자에게 따지고자 해도 형세로 보아 그렇게도 할 수 없구나. 그러나 집안의 쓸 물건이 다른 데서 나올 만한 곳이 없으니 민망하구나. 이런 가운데 무릇 모든 일이 어찌 뜻과 같기만 하겠는가? 비록 떡을 갖추지 못했다 하더라도 어쩔 수 없는 일이겠지. 나 또한 술과 과일을 보내려고 하니 종들이 틈이 없어 그렇게 할 수 없을까 두렵다. 면화 재배는 도둑맞을까 걱정되나 이것은 매우 보잘것없고 사소한 것이니, 공부하는 사람이 어찌 이 때문에 마음에 두고 분주해서야 되겠느냐?

아마도 처가 마을의 머슴에게 위토位土[13]를 경작하도록 해주고 처조부모와 처부모의 묘사墓祀를 당부한 듯한데, 머슴이 떡을 차리지 않고 술과 과일만으로 정성 없이 제사를 지내자 못마땅했던 것이다.

얼마 뒤 퇴계는 처사촌 권의남에게 처조부모의 제사를 모셔가도록 했다. 번거로워서가 아니라 안동 권씨 가문의 정통성을 세우기 위해서였다. 처조부모인 권주는 가일마을 안동 권씨의 중시조로, 권씨 가문을 명문가 반열로 끌어올린 상징적인 인물이다. 따라서 퇴계는 처부모의 제사는 자신이 지내더라도, 중시조의 제사만은 안동 권씨 혈손血孫이 모시기를 원했던 것이다. 퇴계가 지내고 있던 처부모의 제사는 그가 숨을 거두고 나서 끊겼고, 안동 권씨 가일 문중에서 묘사를 지내고 있다.

퇴계는 권씨 부인의 장례를 치르고 나서 장인의 산소를 찾아 묘사를 올리고는 시를 지었다.

「월하암향月下暗香」, 윤득신, 모시에 엷은 색, 19.5×29.5cm, 간송미술관. 퇴계는 부인의 장례를 치르며 매화 피는 모습을 보고는 장인어른을 생각한다는 시를 지어올렸다.

옛날 그땐 참사람을 몰라보고
까닭 없이 저승으로 이분을 데려갔네
고향에 돌아와서 묘사를 지낸 후
매화 피는 모습 보고 장인 생각 하옵니다.

구절구절 장인을 향한 한없는 존경심과 애정이 느껴진다. 퇴계의 처가 향념은 남달랐다. 생후 7개월 만에 아버지를 여의고, 37세 되던 해에 어머니 춘천 박씨가 숨을 거두었다. 또 친자식처럼 아껴주던 숙부 이우李堣(1469~1517, 호는 송재松齋)도 퇴계의 나이 17세에 타계했으니, 친가 부모를 모실 기회가 거의 없었던 셈이다. 따라서 퇴계의 처가 향념은 이런 환경에서 비롯된 것은 아닐까, 하고 생각해본다.

장모 걱정에 밤잠을 못 이루다

퇴계의 처가 향념은 둘째 부인인 안동 권씨뿐만 아니라 첫째 부인 김해 허씨 집안에 대해서도 마찬가지였다. 처가인 김해 허씨는 경남 고성군에 뿌리를 둔 가문이었다. 그러다가 허씨 부인의 조부인 허원보許元輔(1455~1507, 호는 예촌禮村) 때 의령으로 옮겨왔는데, 가례마을의 풍광에 이끌려 이주를 결심했다. 그는 연산군 시절 생원시에 합격한 선비로, 김일손金馹孫(호는 탁영濯纓), 김굉필金宏弼(호는 한훤당寒暄堂), 문경동文

敬仝(호는 창계滄溪), 김영金瑛(호는 삼당三塘) 등과 교분을 맺고 있었다.

허씨 부인의 아버지, 곧 퇴계의 장인 허찬許瓚(1481~1535, 호는 묵재默齋)은 허원보의 둘째 아들로 태어나 연산군 때 진사시에 합격했으며, 아버지 허원보와 친분이 있던 영주 초곡마을의 안동 문씨 문경동文敬仝(1457~1521, 호는 창계滄溪)의 맏딸에게 장가를 들었다. 처가에 아들이 없었던 탓에 의령에서 영주로 옮겨와 처부모를 모시고 살았다. 항간에 퇴계의 처가가 의령이니 영주니 하고 의견이 분분한 것도 이런 연유 때문이다.

문경동은 퇴계의 숙부 이우와 같은 시기에 벼슬을 하면서 친분을 맺고 있었다. 따라서 문경동의 외손녀 허씨 부인과 퇴계의 혼인은 이런 교분관계에 의해 맺어졌을 가능성이 크다. 퇴계의 장인 허찬은 허사렴許士廉(1508~1558, 호는 몽재蒙齋), 허윤렴許允廉 형제와 딸 둘을 두었는데, 이들 4남매 가운데 허씨 부인은 맏이다.

문씨 가문은 영주에서 이름난 부자였다. 그래서 퇴계의 장인 허찬은 처가로부터 상당한 재산을 물려받았는데, 그 가운데 일부분은 퇴계, 곧 허찬의 딸인 허씨 부인에게도 상속되었다. 실제로 「퇴계손자녀화회분재기退溪孫子女和會分財記」를 보면 퇴계 집안은 영주와 의령에 적지 않은 전답을 소유하고 있는 것으로 나타나는데, 상속 재산의 절반 이상을 차지한다. 당시만 하더라도 성리학적 가족 이념이 널리 확산되기 전이었기에 아들과 함께 딸도 상속을 받았으며, 이런 배경에서 퇴계에게도 일정한 재산이 주어졌을 것이다.

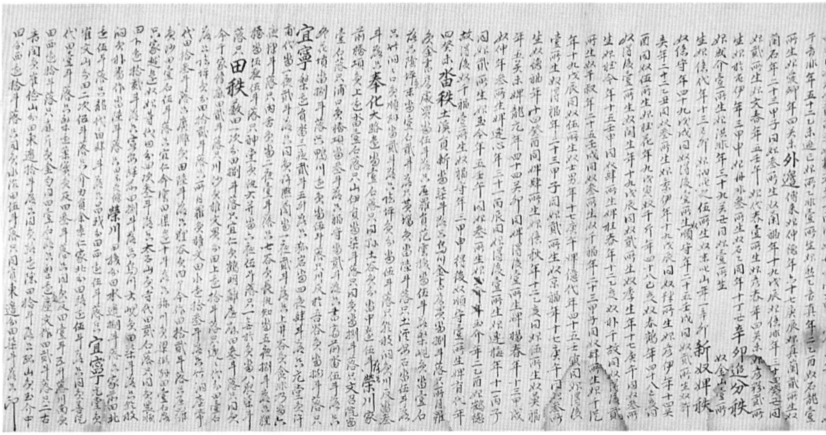

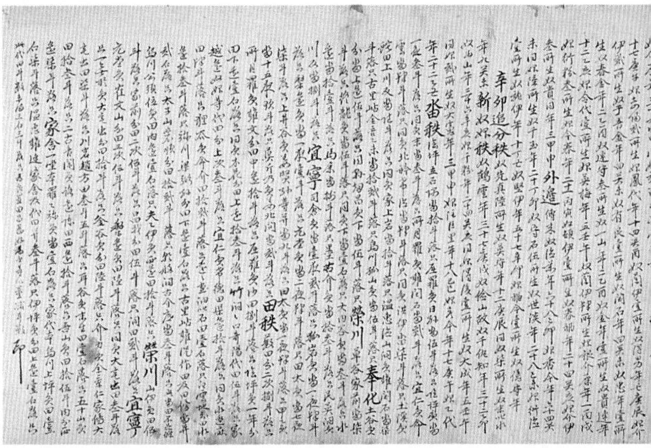

長故司醞署直長李安道妻權氏代仲女婿金山郡守琴愷
次故幼學李純道妻金
次前司憲府執義金涌
次青松都護府使李詠道
筆執 成均生員金是柱

長故直長李安道妻權氏衿

次故判官朴欓妻衿

次故幼學李純道妻金氏衿

次前執義金涌妻衿

次府使李詠道衿

「이안도 화회문기」, 620.0×48.0cm, 17세기, 의성 김씨 운천종택 기탁, 유교문화박물관.
퇴계 이황의 손자 손녀 5명이 합의하여 재산을 나누어 갖고 작성한 화회문기.

참고로 당시의 자녀균등상속 관행을 고려할 때 허찬은 2남2녀를 두었으므로, 퇴계(허씨 부인)에게는 약 4분의 1에 해당되는 재산이 상속되었을 가능성이 크며, 이런 식으로 의령의 재산도 물려받았다. 또 아들을 두지 않았던 권씨 부인의 친정아버지인 권질의 가일마을 재산도 맏사위 안희빈安喜賓, 둘째 사위 퇴계, 막내 사위 이학수李鶴壽 등이 각각 상속받았을 것이다. 그래서인지 퇴계가 아들 이준에게 보낸 편지에는 영주 푸실마을, 의령 가례마을, 안동 가일마을의 전답 및 수확과 관련한 내용이 곳곳에 나타나기도 한다.

1535년 퇴계가 35세 되던 해에 장인 허찬이 숨을 거뒀다. 경남 의령에 묘소를 마련했다. 그보다 앞서 1527년 허씨 부인이 세상을 떴으니, 허찬으로서는 딸을 먼저 보낸 셈이다. 허씨 부인은 영주 이산면에 자리한 외조부 문경동의 묘소 뒤편에 잠들어 있다. 퇴계는 둘째 부인을 맞이하고 나서도 전처의 처가를 정성으로 보살폈다. 허찬이 세상을 뜬 뒤 허씨 집안은 의령으로 옮겨갔는데, 정확한 연대는 알 수 없고 다만 1553년 퇴계가 아들 이준에게 보낸 편지[14] 내용으로 정황을 짐작할 뿐이다.

> 의령의 장모님은 턱 아래에 종기가 나서 계란만큼 크다고 하는데, 공간公簡(허찬의 장남인 허사렴許士廉)은 그 증세가 무엇인지 알지 못하고 치료를 잘못하다가 마침 나에게 편지해서 상의하기에 김수량金遂良에게 물어보니, 답하기를 턱과 목의 종기는 나력癩癧[15]이라고

했다. 이에 그가 지어준 세 가지 약을 사서 보냈는데 그 뒤에 또 공간의 편지를 받아 보니 약을 쓴 뒤에 고름이 나온 것은 아직 아물지는 않았으나 증세는 나아간다고 하니 매우 기쁘구나. 그러나 아직도 사뭇 나았는지 모르니 걱정된다. 네가 모를까 싶어 모두 말할 뿐이다.

처남 허사렴이 모친의 병세를 몰라서 종기가 악화되자 퇴계에게 도움을 청했던 모양인데, 다행히도 퇴계가 보낸 세 가지 약을 써서 병세가 좋아졌다. 퇴계는 서울이나 예안에 있을 때 장모의 병환 소식을 들으면 잠을 이루지 못했다. 이런 퇴계의 심정은 아들 이준에게 보낸 편지 곳곳에서 드러난다. 또 수시로 장모에게 편지를 올려 안부를 묻는 등 정성을 다했으며, 장모 역시 말년까지 퇴계에게 의지했다. 양친을 여의고 장인마저 떠나보낸 퇴계로서는 홀로 남은 장모의 건강이 무엇보다 우선이었을 것이다. 퇴계는 장모의 건강에 대해 계속 마음을 졸이며 아들 준에게 보낸 편지에서 "장모의 종기 난 곳은 앞서 들으니 혈을 이룬 곳과 합하지 않았고 또 귀 뒤쪽으로 부종이 더해졌다고 하니 깊이 염려되고 염려된다. 요즈음은 전혀 오는 사람이 없어 아직 증세를 듣지 못했으니 더욱 고민이다"라며 염려하기도 했다.

퇴계의 또 다른 편지 내용으로 볼 때, 당시 큰처남 허사렴과 둘째 처남 허윤렴이 장모 문씨 부인을 모시고 살았던 것 같고, 그러던 중 1558년 허사렴이 세상을 뜨고 나서 허윤렴이 어머니 곁을 지켰다. 퇴계는 큰처남이 살아 있을 때에도 처가의 일을 도맡아 처리했다. 실제로 아들 이준에게 보낸 편지에는 처남들이 곤란에 처했을 때 퇴계에게 도움을 청하고, 장인 묘소의 이장移葬 등 자질구레한 집안 문제를 퇴계와 의논하는 내용이 곳곳에 나타난다.

의령 가례마을에는 퇴계가 남긴 뜻 깊은 유적이 전한다. '가례동천嘉禮洞天'이라는 퇴계의 친필이다. 퇴계는 의령 처가를 방문할 때마다 동갑내기 이원李源(1501~1569, 호는 청향당淸香堂) 등 지역 선비들과 교유를 가지면서 틈틈이 낚시를 즐겼다. 그러고는 연못 근처의 커다란 암벽에 '가례동천', 곧 '아름다운 예절이 넘치는 마을'이라는 글씨를 새겨두었던 것이다. 뒷날 지역 선비들이 퇴계의 친필이 새겨진 암벽 옆에 '퇴도이선생유허비退陶李先生遺墟碑'를 세웠으며, 비문碑文은 한말 선비이면서 항일운동가였던 안효제安孝濟(1850~1912, 호는 수파守坡)가 지었다. 또 1654년에는 당시 의령현감 윤순거尹舜擧가 퇴계의 덕을 기리기 위해 서원을 세웠으며, 6년 뒤 조정에서 '덕곡德谷'이라는 이름을 내림으로써 사액서원이 되었다. 지금도 매년 음력 2월 20일에 향사를 지내고 있다. 이처럼 의령과 거창의 영승迎勝 마을(장인 권질)에 남아 있는 퇴계의 유적은 남달랐던 그의 처가 향념을 말해주는 것들이라 하겠다.

군자의 도道는 부부에게서 시작된다

한국국학진흥원에 보관되어 있는 『도산급문제현록陶山及門諸賢錄』(1914년 간행)은 이른바 퇴계의 제자 명부名簿다. 필사본 원본과 목판이 전한다. 이에 따르면 퇴계 문인은 모두 309명으로 집계된다. 영남지역은 물론이고 서울과 경기지역, 광주를 비롯한 순천, 창평, 장흥 등 호남지역 그리고 강릉과 원주 등 강원지역까지 그야말로 지역을 초월하여 고른 분포를 보인다.

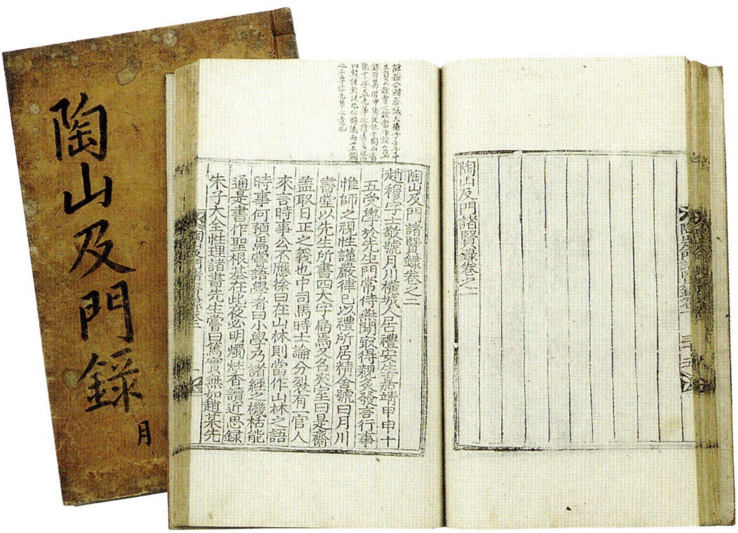

『도산급문록陶山及門錄』, 21.9×32.5cm, 1914, 안동 권씨 수곡문중 기탁, 유교문화박물관. 퇴계 이황의 학통에 속하는 제자들의 명단이 실려 있다.

모르긴 해도 퇴계는 300여 명의 제자를 길러내면서 이런저런 우여곡절을 적지 않게 겪었을 것이다. 특히 유학은 '인성人性'을 기르는 데 중점을 두고 있는 까닭에 제자들의 사적인 영역에도 신경쓰지 않을 수 없기 때문이다.

퇴계의 제자 가운데 이함형李咸亨(1550~1586, 호는 천산재天山齋)이라는 선비가 있었다. 전라도 순천 출신으로, 1569년 퇴계 문하에 들어와 배움을 청했다. 퇴계 말년의 제자인 셈이다. 그는 부인과 금슬이 좋지 않았다. 그래서 혼인을 하고도 부인과 동침하지 않았다. 스승인 퇴계도 그 사실을 알고 있었다. 그러나 아무리 제자라고 해도 직접 꾸짖을 수는 없는 노릇이었다.

그러던 어느 날 이함형은 고향에 다녀오겠다는 청을 드렸다.

"내일 조반은 우리 집에 와서 먹고 떠나도록 하게!"

"선생님, 고맙습니다. 그런데 무슨 경사스러운 일이라도 있습니까?"

"경사가 있어서가 아니라 자네가 고향에 다녀온다기에 내 집에서 밥이라도 한 끼 먹여 보내고 싶어서 그러네. 잊지 말고 꼭 와주게!"

"알겠습니다. 내일 꼭 댁으로 찾아뵙겠습니다."

이튿날 이함형은 약속대로 스승의 집으로 향했고, 아침상을 받았다. 그런데 반찬이라곤 산나물과 가지나물, 된장 한 종지가 전부였다. 내색은 하지 않았지만 자못 놀랐다. 마침내 식사를 끝내고 길을 떠나려고 인사를 드리니, 퇴계는 편지 한 통을 건네주었다.

"이 사람 평숙平叔![16] 내가 자네 주려고 편지 한 장을 썼네."

스승으로부터 뜻밖의 편지를 받은 이함형은 황송하다는 말을 연거푸 하면서 두 손으로 공손하게 건네받았다.

"그런데 한 가지 부탁이 있네."

"네 선생님! 무엇인지요?"

"집에 가는 도중에 읽지 말고 또 집에 들어가서도 읽지 말게!"

"그러면……"

"집에 도착해서 대문을 들어서기 전에 읽어보게나."

스승이 건네준 편지 겉봉에도 '노차물개간路次勿開看'(길에서 뜯어보지 말고 집에 가서 뜯어보라)이라고 적혀 있었다. 그래서 안동에서 순천까지 꼬박 열흘 걸리는 먼 길을 가는 동안 가슴속에 넣어둔 편지를 꺼내 보지도 않았다.

이윽고 순천 집 사립문 앞에 도착했다. 서둘러 편지를 꺼내서 읽기 시작했다. 당시 퇴계가 이함형에게 건네준 편지 내용이다.

공자가 이르기를 "천지가 있은 뒤에 만물이 있고 만물이 있은 뒤에 부부가 있고 부부가 있은 뒤에 군신이 있고 군신이 있은 뒤에 예절과 의리를 둘 곳이 있다"고 했고, 자사子思는 "군자의 도道는 부부에서 시작되며 그 지극함에 이르면 천지에 드러난다" 하고, 또 이르기를 "『시경』에 '처자 간妻子間에 정이 좋고 뜻이 합쳐짐이 금슬琴瑟을 타는 듯하다'고 했는데, 공자께서 말씀하시기를 '부모

가 편안하실 것이다'라고 하셨다" 했습니다.

부부의 인륜이 이토록 소중하거늘 어찌 정이 흡족하지 않다고 해서 멀리할 수 있겠습니까? 『대학』에 "근본이 어지러우면서 끝이 다스려진 경우가 없고, 후하게 대할 자에게 박하게 하고 박하게 대할 자에게 후하게 하는 자는 없다" 했으며, 『맹자』에서는 그 말을 거듭하여 "후하게 대할 자에게 박하게 하면, 박하게 하지 않는 곳이 없을 것이다" 했습니다. 아! 사람됨이 박절하면 어찌 부모를 섬길 수 있으며, 어찌 형제와 친척과 마을에서 처신할 수 있으며, 무엇으로 임금을 섬기고 백성을 다스리는 근본을 삼을 수 있겠습니까?

그대가 부부 금슬이 좋지 않아 한탄한다 하니, 어쩌다 이런 불행이 있게 되었는지 모르겠습니다. 가만히 살펴보면 세상에 이런 근심을 가진 자가 적지 않습니다. 부인의 성질이 고약하여 교화하기 어려운 경우도 있고, 혹은 못생기고 슬기롭지 못한 경우도 있고, 혹은 남편이 방종하여 행실이 올바르지 못한 경우도 있고, 혹은 좋아하고 싫어함이 정상적이 아닌 경우 등 일일이 열거하기 어려울 정도입니다.

그러나 대의大義로 말하자면, 그중에 성질이 고약하여 교화하기

「미처해도彌妻偕逃」, 『오륜행실도』, 31.2×19.5cm, 1797, 국립중앙박물관. 개루왕의 겁박에 굴하지 않고 눈먼 남편을 따라 함께 도망간 백제의 열녀 도미의 아내는 부부간의 의리와 정을 지켜 부덕을 지닌 여성으로 칭송되었다.

어려운 경우는 실로 소박을 자초했으니, 이는 제외하고 그 나머지는 모두 남편된 사람이 반성하고 자신에게 책임을 돌리고 노력하여 올바르게 처신하기에 달렸으니, 부부의 도리를 잃지 않는다면 대륜大倫이 무너지는 데 이르지 않을 것이요, 자신 또한 박한 처지에 놓이지 않을 것입니다. 또 성질이 고약하여 교화하기 어렵다 하더라도 극히 패역한 짓을 저질러 명교名教에 죄를 지은 자가 아니면 마땅히 선처善處하여 성급히 결별하는 데까지 이르지 않도록 하는 것이 옳습니다.

대개 옛날에는 칠거지악을 범한 부인을 쉽게 내칠 수 있었지만, 오늘날의 부인들은 대체로 일부종사一夫從事하여 일생을 마치게 되니, 어찌 그 정의情義가 맞지 않는다고 길 가던 사람처럼 또는 원수처럼 대하듯 하며, 또 부인을 천 리 밖으로 내쳐서 가정의 도리를 망가뜨리고 자손을 끊기게 하는 불행을 저지를 수 있겠습니까?

『대학』에 "자신에게 허물이 없어야 다른 사람을 탓한다" 했으니, 여기에 대해 내가 일찍이 경험한 것을 말하겠습니다. 나는 두 번 장가를 들었지만 내내 불행했습니다. 그렇지만 여기에 대해 결코 마음을 박하게 먹지 않고 노력해온 것이 거의 수십 년이 됩니다. 그동안 몹시 괴롭고 심란하여 번민을 견디지 못할 때도 있었지만, 어찌 감정에 이끌려 대륜을 소홀히 해서 편모偏母(춘천 박씨)에게 근심을 끼칠 수 있겠습니까? 질운郅惲[17]이 말한, "부부 금슬에 대해서는 아비도 자식에게 관여할 수 없다"고 한 것은 참으로 부부의 도리를 문란하게 하는 말이니, 이 말을 핑계삼아 충고를 안 할 수는 없습니다. 그대는 마땅히 깊이 생각하여 스스로 반성하고 고치도록 하십시오. 이 문제에 대해 끝까지 생각을 바꾸지 않는다면, 어찌 학문을 한다고 떳떳이 말할 수 있으며 또 어찌 실천한다고 하겠습니까?

편지를 읽어 내려가는 이함형의 얼굴이 또다시 붉어지기 시작했다. 등골에서는 식은땀이 흘러내렸다. 깨달음과 뉘우침의 순간이었다.

대문을 들어선 이함형은 부인이 거처하고 있는 곳으로 서둘러 걸음을 옮겼다. 그러고는 하인에게 대청에 초석을 깔고 소반 위에 정한수 한 그릇을 떠놓게 한 뒤 부인을 불렀다. 부부는 정한수를 마주하고 서로 재배를 하고 나서 자리에 앉았다. 그날부터 부부는 금슬 좋은 사이가 되었고, 후손도 번성했다. 뒷날 퇴계가 세상을 뜨자 이함형 내외와 자손들은 친자식이나 다름없이 삼년상을 치렀다고 한다.

퇴계가 이함형에게 보낸 편지 내용은 문집에 실려 있으니 엄연한 사실이고, 나머지 부분은 구전으로 전해 내려오는 이야기다. 아마도 흥미를 더하기 위해 앞뒤로 이야기를 덧붙인 것 같다. 이런 것을 '스토리텔링'이라고 한다. 퇴계가 남긴 한 통의 편지글을 단서로 삼되, 보다 흥미로운 전개가 이루어질 수 있도록 적절한 각색을 했던 것이다. 그러나 중요한 것은 퇴계가 제자 이함형에게 그런 내용이 담긴 편지를 실제로 보냈다는 데에 있다. 퇴계는 손자를 장가보내면서 편지를 써서 "부부는 남녀가 처음 만나 세계를 창조하는 것이다. 그래서 가장 친밀한 관계를 이룬다. 또 한편 가장 바르게 해야 하고 가장 조심해야 하는 처지다. 그렇기 때문에 군자의 도가 부부에게서 발단이 된다고 한다. 그런데도 세상 사람들은 모두 예와 존경심을 잊어버리고 서로 버릇없이 친하여 마침내 모욕하고 거만하고 인격을 멸시해버린다. 이런 일은 서로 손님처럼 공경하지 않기 때문이다. 그래서 가정을 바르게 다스리려면 처음부터 조심해야 한다"고 훈계하기도 했다. 퇴계의 부부관은 서로 공경하되 친밀한 정을 잃어버려서는 곤란하다는 매우 섬세한 윤리의식에 바탕을 둔 것이다. 따라서 우리가 관심을 가져야 할 부분은 앞뒤 정황의 진위 여부가 아니라 이야기의 핵심이 어디에 있는가, 하는 점이다.

퇴계는 제자에게 부부간의 도리를 일깨워주기 위해 스스로의 치부를 드러내는 일을 마다하지 않았다. "나는 두 번 장가를 들었지만 내내 불행했습니다"라고 한 것은 첫째 부인 허씨 부인이 다섯 살, 한 달 된 어린 자식들을 남겨두고 일찍 세상을 뜨는 바람에 불행했고, 그런 다음 둘째 부인을 들였지만 정신이 온전치 않아 정상적인 부부생활을 할 수 없어서 불행했다는 뜻이다.

이처럼 자신 또한 불행의 연속이었던 결혼생활로 인해 번민과 갈등으로 괴로운 나날들을 보냈지만, 홀로 계신 어머니께 심려를 끼쳐드릴 수 없기에 수십 년 동안 노력했었다는 이야기다. 아마도 이함형은 스승의 편지를 읽어 내려가면서 이 부분에서 가슴이 먹먹해졌을 것이다.

"나도 무척 불행하다. 하지만 세상은 혼자 사는 것이 아닌 법! 어찌 내 생각만 하면서 삶을 꾸려나갈 수 있겠는가?" 하고 호소하는 스승의 소리 없는 외침에 어찌 고개 숙이지 않겠는가? 스승의 위엄으로써가 아니라 감동으로 가르침을 주는 퇴계의 교육 방식이라고 할 수 있다.

참고로 퇴계는 생애 전체를 통틀어 3154통의 편지를 남겼다. 현재 전하는 것만 하더라도 이 정도니, 사라져 전하지 않는 것까지 감안하면 실로 많은 편지를 쓴 것이다. 특히 65세에 392통, 66세에 329통 등 대부분 60세 이후의 것으로, 평균 3일에 2통의 편지를 쓴 셈이다. 수신인은 문인이 대부분을 차지하고, 아들과 손자 등 혈족에게도 1300여 통의 편지를 보냈다. 그 가운데 장남 이준에게 516통을 보냈으며, 손자 이안도에게는 153통의 편지를 남겼다. 제자 중에는 조목趙穆(1524~1606, 호는 월천月川)이 가장 많은 편지를 받았다. 무려 171통이다. 뒷날 조목은 스승이 보내준 편지 가운데 106통, 시 16편, 잡서 7편을 손수 엮어 『사문수간師門手簡』이라는 책으로 발간했다.

서로를 손님처럼 공경하라

앞서 예로 든 권씨 부인의 일화를 비롯해 부부 관련 이야기들은 퇴계의 부부관을 말해주기 위한 것들이다. 또 이야기를 만들어내는 과정에서 조금은 과장된 내용이 덧붙여졌을 수도 있다. 이런 연유로 혹자는 기록

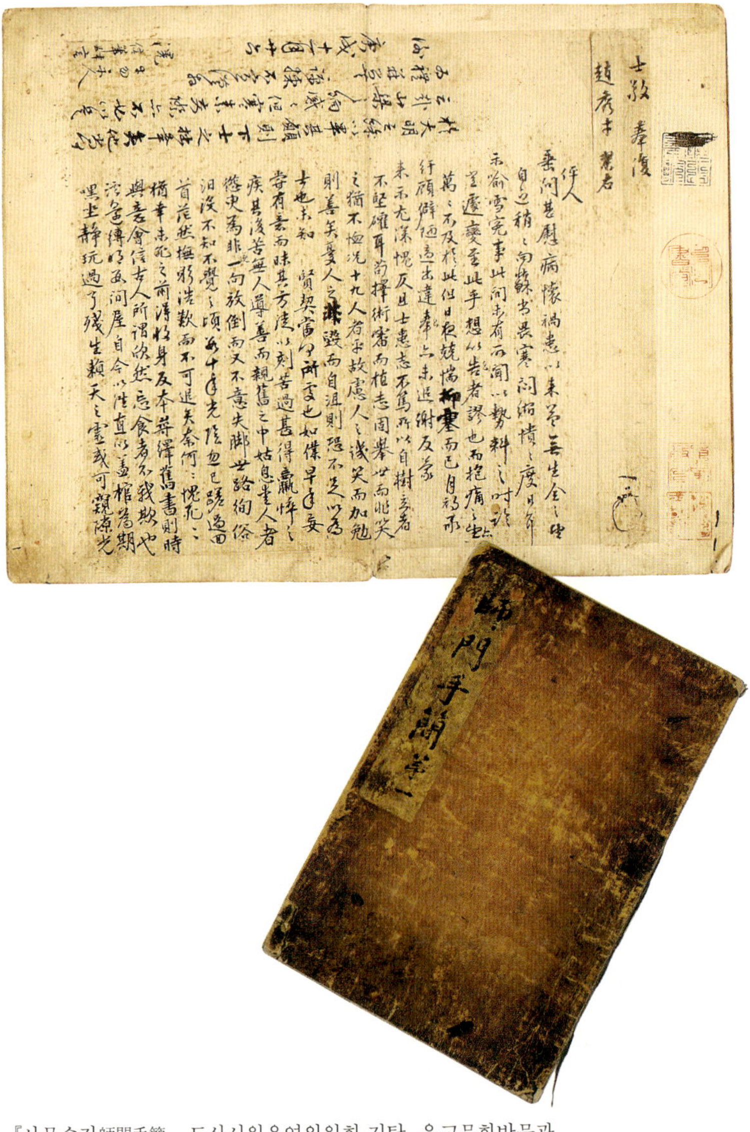

『사문수간師門手簡』, 도산서원운영위원회 기탁, 유교문화박물관.

에도 없는 이야기를 유포시킨다며 불편한 심기를 드러내기도 한다. 그러나 중요한 것은 이야기의 디테일한 사실성 여부가 아니라 그것이 전달하고자 하는 메시지다.

퇴계는 군자의 도道란 부부생활에서 시작된다고 여겼다. 그래서 손자 이안도가 혼인할 때 자신의 부부관을 담은 한 통의 편지를 보냈다.

> 어제 모든 혼례는 잘 마쳤느냐? 초례사醮禮辭(오늘날의 주례)를 보니 "공경히 너의 아내를 맞이해 서로 공경하여 우리 집 종사宗事를 잘 이어나가도록 하라"고 당부했고 대답하기를 "오직 그 일을 감당하지 못할까 두려울 뿐 감히 그 명을 잊지 않겠습니다"라고 했다. 너도 들어서 아는 바이니, 천 번 만 번 경계하거라. 무릇 부부란 인륜의 시작이고 만복의 근원이니, 아무리 지극히 친밀하고 가까워도 또한 지극히 바르고 지극히 삼가야 하는 자리다. 그러므로 '군자의 도는 부부에게서 시작된다'고 하는 것이다. 세상 사람들이 예우하고 공경하는 것은 온통 잊어버리고 다짜고짜 친압하여 마침내 업신여기고 능멸하여 못할 짓이 없는 데까지 이르는 것은, 모두가 서로를 손님같이 공경하지 않는 데서 비롯되는 것이다. 이 때문에 그 집안을 바르게 하려면 마땅히 그 시작을 삼가야 하는 것이니, 천 번 만 번 경계하거라.

"지극히 친밀하기 때문에 지극히 삼가야 한다"는 것은 부부 사이의 예禮를 일컫고, "집안을 바르게 하려면 그 시작을 삼가야 한다"는 것은 부부생활이야말로 치가治家(제가齊家)의 근본임을 말한다. 이렇게 생각했던 퇴계였기에 제자 이함형에게 보낸 편지에서도 "나는 두 번의 결혼생활 내내 몹시 불행했다. 하지만 대륜을 위해 괴롭고 심란한 마음을 다스리면서 노력해왔다"고 토로했던 것이다.

퇴계는 모름지기 부부란 서로 손님을 대하듯 공경해야 한다고 강조했다. 이를 '상경여빈相敬如賓'이라는 말로 표현했다. 퇴계의 이런 태도는 허씨 부인과의 관계를 통해서도 잘 나타나는데, 오운吳澐(1540~1617, 호는 죽유竹牖)[18]이 처고모 허씨 부인을 위해 쓴 묘비명에 약간의 내용이 전한다.

> 선생은 스물한 살 때 허씨 부인에게 장가를 드셨는데 서로 손님같이 경대敬待를 하셨다. 평소 거처하실 때와 서로 대화를 주고받으실 때를 보면, 사이가 좋지 않는 것같이 보였다. 처음에는 누가 보든지 금슬이 좋지 않은 듯 의심을 하지만 오래 지내보면 부부의 두터운 정을 알게 된다.

오운은 퇴계 부부를 "서로 손님같이 경대하셨다"고 표현했다. 그리하여 "곁에서 보면 사이가 좋지 않는 것처럼" 오해했다는 말도 덧붙였다. 그러나 "오래 지내다보면 부부의 두터운 정情을 비로소 알게 된다"며 앞뒤 사정을 설명한다.

'상경여빈相敬如賓', 즉 '서로 공경하기를 손님처럼 하라'는 뜻이다. 오운이 허씨 부인의 묘비명에 쓴 '경대敬待'라는 것은 '공경하여 대우한다'는 말이다. 부부가 말투에서나 몸가짐에서나 서로 공경하는 태도로 대한다는 것이다. 퇴계는 혼인을 앞둔 손자에게 보낸 편지에서 "부부가 서로 억누르고 업신여기고 능멸하게 되는 것은, 서로를 손님같이 공경하지 않는 데서 비롯된다"고 했듯이, 이것이야말로 퇴계의 부부관이라 할 수 있겠다.

퇴계는 허씨 부인과의 사이에 이준李寯(1523~1583)과 이채李寀(1527~1548) 형제를 두었다. 장남 이준은 예안 외내(오천烏川)의 봉화 금씨 집안에 장가를 들었으며, 경남 의령 외종조부의 집에 가 있던 차남 이채는 단성에 살던 류씨柳氏 댁에 장가를 들었다.[19] 맏며느리 금씨 부인은 시아버지를 가까이서 모시다가 1571년 2월 퇴계가 숨을 거둔 지 불과 2개월 만에 세상을 뜨고, 작은며느리는 신행新行[20]을 하기 전 신랑이 숨지는 바람에 청상과부가 되었다.

> 내 어버이를 공경하여 그 마음이 남의 어버이에게까지 미치고, 내 자식을 사랑하여 그 마음이 남의 자식에게까지 미친다면, 천하를 손바닥 위에서 움직일 수 있다老吾老 以及人之老 幼吾幼 以及人之幼 天下可運於掌.

『맹자』「양혜왕 상」에 나오는 말이다. 쉽게 말해 "내 어버이를 공경하듯 남의 어버이를 공경하고, 내 자식을 사랑하듯 남의 자식을 사랑하라"는 뜻이다.

퇴계는 이 말을 철저히 행동으로 옮겼다. 그 첫걸음이 며느리에 대한 사랑이었다. 엄격한 시아버지로서가 아니라 친정아버지 못지않은 자애로움으로 며느리들을 대했다. 이에 얽힌 두 편의 이야기가 전한다.

시아버님 묘소 가까이에 묻어달라

퇴계 묘소는 안동 도산의 건지산 남쪽 기슭에 있다. 그곳에서 약 50미터 아래에 또 하나의 조그마한 무덤이 자리하고 있는데, 퇴계의 맏며느리 봉화 금씨의 묘소다. 퇴계는 1570년 12월 8일에 숨을 거두었고, 봉화 금씨는 그 이듬해 1571년 2월에 눈을 감았다. 시아버지가 세상을 뜨고 나서 불과 2개월 만의 일이었다.

퇴계의 장남 이준은 이웃 마을 외내로 장가를 갔다. 상대는 예안 훈도禮安訓導를 지낸 봉화 금씨 금재琴梓의 딸이었다. 금재는 외내에 살고 있던 광산 김씨 김효로金孝盧(1454~1534)의 사위가 되어 처가 마을에서 살고 있었다.

아들 이준이 혼례를 치를 때 퇴계가 상객上客으로 외내 사돈댁에 갔다가 금씨 문중 사람들로부터 홀대를 당했다는 이야기가 전한다.

신랑과 함께 퇴계가 사돈댁에 이르자 바깥사돈만이 맞이해줄 뿐 금씨 문중 사람들은 당혹스러울 만큼 외면해버렸다. 그들은 예안 일대에서 명문가로서 이름을 떨치던 자신들에 비해 퇴계 가문이 문벌이나 지체에서 열세라고 여겼기 때문이다. 당시 퇴계는 이미 문과에 급제하여 예문관 검열을 지냈지만, 윗대에서는 이렇다 할 벼슬을 하지 않았다. 퇴계 자신 또한 일찍이 아버지를 여의고 홀어머니 밑에서 어렵게 자란 터라, 금씨 문중으로서는 보잘것없는 집안이라고 얕볼 수도 있었다. 퇴계가 이런 사정을 모를 리 없었다. 그러나 전혀 내색하지 않고 예를 갖춰 상객으로서의 소임을 다했다.

마침내 혼례가 끝나고 사돈댁을 나섰다. 그러자 신부 집에서 한바탕 소란이 벌어졌다. 금씨 문중 사람들이 신부 아버지에게 일제히 몰려와서 불만을 토로하는 것이었다.

"우리 가문의 규수라면 어느 명문가엔들 못 보낼까봐 하필이면 저런 한미한 집안의 며느리로 보낸다 말이오? 저런 사람이 우리 집안에 발을 들여놓았다는 것만도 가문을 어지럽힌 셈이오. 그가 앉았던 마룻바닥을 물로 말끔히 씻어내고 대패로 깨끗이 밀어버립시다!"

그러고는 실제로 대청마루를 물로 씻고 대패로 밀어버렸다. 이런 사실이 퇴계 집안에 고스란히 전해졌다. 이번에는 진성 이씨 사람들이 분개했다. 그러나 퇴계는 평소와 다름없는 차분한 어조로 사람들을 달랬다.

"사돈댁에서 무슨 말을 했든, 또 무슨 일이 일어났든, 우리가 관여할 바가 아닙니다. 가문의 명예란 문중에서 떠든다고 높아지는 것도 아니요, 또 남들이 헐뜯는다고 낮아지는 것도 아닙니다. 상대가 예를 갖추지 않았다고 해서 나도 예를 지키지 않으면 그것이야말로 형편없는 가문이 되어버리는 것입니다. 더구나 우리는 사돈댁의 귀한 따님을 며느리로 맞이했는데, 그런 하찮은 일로 소란을 일으키면 며느리가 얼굴을 들 수 없게 되고 평생의 한恨이 될 것입니다. 내 며느리를 봐서라도 마음을 추스르기 바랍니다."

그리하여 진성 이씨 문중에서는 불문에 부치게 되었고, 맏며느리도 시아버지의 극진한 사랑을 받으면서 한평생 모시고 살았다. 평소 퇴계는 며느리의 건강을 직접 챙기는 모습까지 보여주었다. 그는 아들 준에게 보낸 편지에서 "네 아내의 병은 지금 어떠하냐? 사물탕四物湯 30첩과 반총산蟠葱散 예닐곱 첩을 사서 보내나, 약을 복용한 뒤에 그 증세가 어떠할지 염려된다"[21]며 그 심정을 드러냈다. 사물탕은 여성들의 월경병에 자주 쓰인 약이고 반총산은 비위脾胃가 허하고 냉冷하여 명치 밑이 치밀어 오르고 아프면서 가슴과 옆구리가 당기는 데 쓰는 약이니 당시 맏며느리가 부인병과 냉한 기운을 앓고 있었음을 짐작케 한다. 또 몇 달 뒤의 편지에서는 "네 아내의 증세에 차도가 있다 하니 기쁘구나. 어찌 미리 도모하여 그 약을 이어가고자 하지 않는가?"[22]라고 나무라기도 했다. 이런 시아버지의 사랑을 듬뿍 받은 봉화 금씨는 뒷날 숨을 거둘 때 유언을 남긴다.

"내가 시아버님 살아 계실 적에 여러 가지로 부족해 극진히 모시지를 못했다. 그래서 죽어서라도 다시 아버님을 정성껏 모시고 싶으니,

내가 죽거든 반드시 아버님 묘소 가까이에 묻어주도록 하거라!"

이에 자손들은 유언을 받들어 시아버지인 퇴계의 묘소 아래쪽에 모셨다.

여기서 사실 확인이 가능한 것은 봉화 금씨의 묘소뿐이다. 나머지는 구전으로 전해 내려오는 이야기다. 즉, 퇴계 묘소는 도산면 건지산 자락에 있는데, 그곳에서 50미터를 내려가면 봉화 금씨 무덤이 자리하고 있다. 그렇지만 실제로 봉화 금씨의 유언에 따라 이곳에 묘를 썼는지에 대해서는 확인할 길이 없다. 아마도 사람들이 관심을 가진 부분은 시아버지와 며느리의 무덤이 위아래로 나란히 있다는 사실일 것이다. 앞서 이함형에게 보낸 퇴계의 편지를 단서로 삼아 전후 맥락이 소통되도록 약간의 이야기를 덧붙였듯이 '시아버지 묘소 아래 자리한 며느리의 무덤'은 이야기의 좋은 소재다. 게다가 두 가문이 예안 일대에서 함께 위상을 다져왔다는 사실도 좋은 이야깃거리가 되었을 것이다.

우리는 여기서 행간에 주목할 필요가 있다. 핵심은 이렇다. '퇴계는 가문이 한미하다는 이유로 모욕을 당했지만 조금의 동요 없이 오히려 며느리를 감싸주었고, 이에 감동한 며느리는 죽어서도 시아버님을 모시고 싶다는 유언을 남겼다'는 것이다. 즉 이야기가 전달하려는 메시지는 '모욕을 당했지만 이를 문제삼지 않을 정도로 관대한 포용력을 지닌 퇴계의 인품'이다. 범인凡人들은 쉽게 흉내낼 수 없을 정도로 큰 도량을 지녔다는 말이다. 이에 감동받은 며느리가 죽어서도 시아버지를 봉양하고 싶어했고, 그래서 두 사람의 무덤이 지척에 자리하게 되었다는

[illegible]

忘際含痛益深第

榜末收紙四卷重回

今送上伏惟

照下謹拜

上狀 六月十二日弟應懷

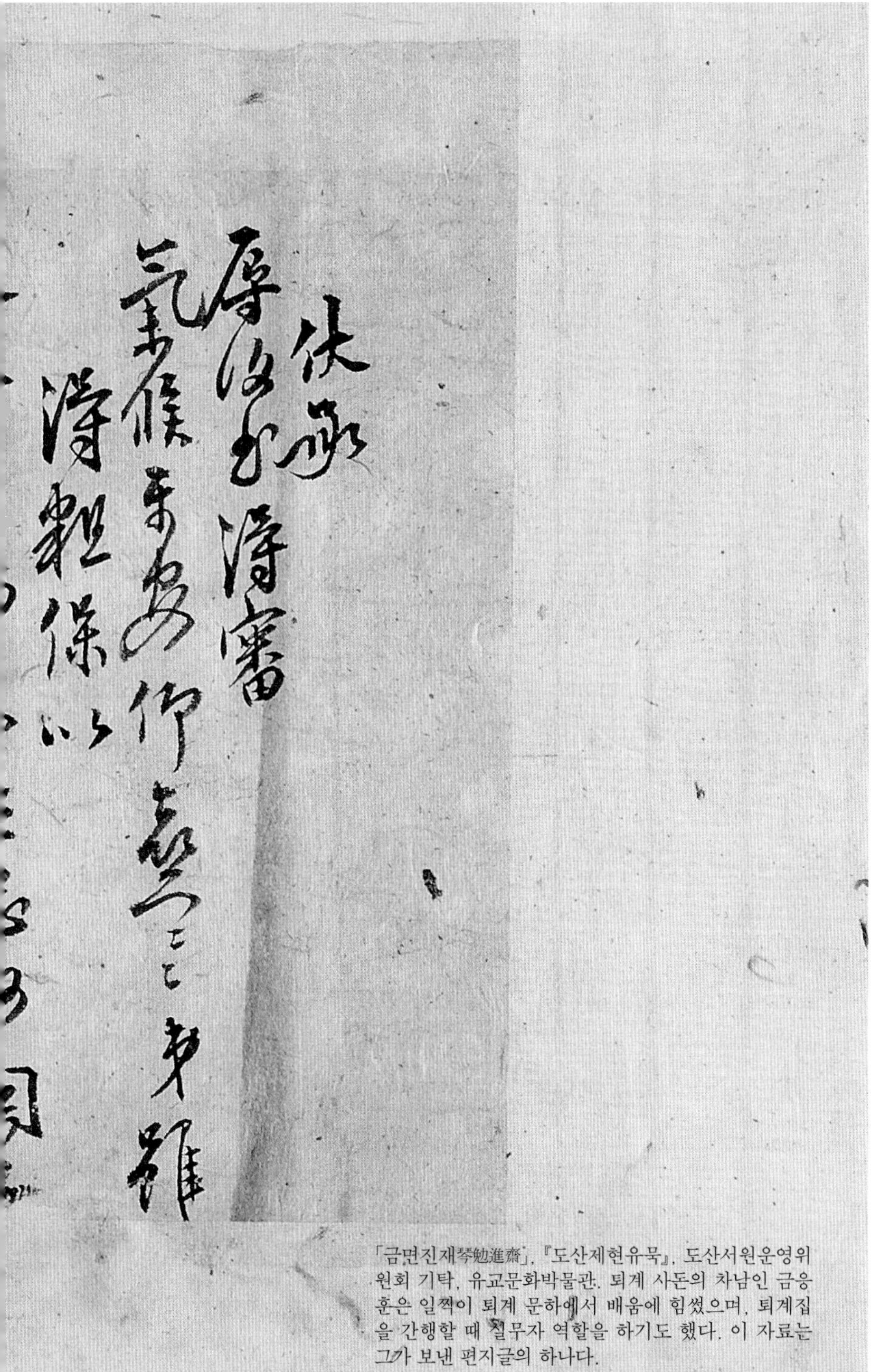

「금면진재琴勉進齋」, 『도산제현유묵』, 도산서원운영위원회 기탁, 유교문화박물관. 퇴계 사돈의 차남인 금응훈은 일찍이 퇴계 문하에서 배움에 힘썼으며, 퇴계집을 간행할 때 실무자 역할을 하기도 했다. 이 자료는 그가 보낸 편지글의 하나다.

것이다.

참고로 퇴계의 사돈인 금재의 장남 금응협琴應夾(1526~1589, 호는 일휴당日休堂)과 차남 금응훈琴應壎(1540~1616, 호는 면진재勉進齋)은 퇴계 문인이 되었으며, 뒷날 금응훈은 『퇴계문집』을 간행할 때 실무를 담당하기도 했다. 또 도산서원 원장을 10년간 지내기도 했다.

청상과부 홀로 빈소를 지키니 어찌 할꼬

퇴계는 허씨 부인과의 사이에 이준과 이채 형제를 두었다. 1527년 허씨 부인이 출산후유증으로 세상을 떴을 때 이준은 다섯 살이었고, 이채는 태어난 지 한 달이 갓 지났을 무렵이었다. 이채는 성장한 뒤에 의령의 외종조부 집에 가 있었다. 외종조부 허경許瓊[23]이 아들 없이 딸만 셋을 두고 세상을 뜨는 바람에 이채가 농감農監 등의 일을 봐주고 있었던 것이다. 참고로 허경의 큰딸은 의병장 곽재우郭再祐(1552~1617)의 아버지 곽월郭越의 둘째 부인으로 들어가서 곽재우를 세 살 때부터 길렀다. 그러므로 곽재우는 퇴계에게 처종질妻從姪이 되는 셈이다.

1542년 퇴계가 아들에게 보낸 편지에 "채의 혼사는 저쪽 집에서 이달 그믐으로 정했으므로 바꿀 수가 없다. 그래서 20일 의령으로 가

퇴계의 맏며느리 봉화 금씨의 묘소.

곽재우 장검, 16세기, 국립진주박물관.

기로 결정했다"[24]는 내용이 나온다. 실제로 이채는 1542년 16세 되던 해에 단성에 살던 류씨柳氏 댁에 장가를 들었다는 기록이 있다.[25] 그러고 나서 퇴계가 1548년 아들 이준에게 보낸 편지에는 "너의 동생은 스스로 수명을 재촉하여 그 명을 다하지 못하고 죽었으니, 이러한 화禍를 당하게 한 것은 내가 당초에 잘 대처하지 못한 까닭으로, 더욱 가슴이 찢어질 듯하여 할 말이 없구나!"[26] 하고 아들의 죽음에 대해 언급하는 내용이 나온다. 따라서 이채는 1548년 22세에 세상을 떴으며, 슬하에 자식은 두지 않은 것 같다.[27] 그리고 퇴계의 편지 문맥으로 볼 때 이채의 죽음은 예기치 못한 사고 때문인 듯하다. 또 이채의 부인에 대한 내용도 적혀 있다.[28]

> 군 사람들이 돌아와서 편지를 받아 자세한 사정을 알게 되었다. 초상과 장사는 큰일인데 돈을 빌려 일을 처리하니 형편이 지극히 어려웠을 것이다. 그러나 다행히 따뜻한 도움과 너의 두 외삼촌(허사렴과 허윤렴)의 힘에 의지하여 길에 버려지는 것만은 면하였구

나. 슬픈 마음 말로 다 할 수 없구나.

그러나 받은 날이 마침 대한大寒 때라 매서운 바람과 눈으로 추위가 심할 것이다. 그러니 생각하건대 발인과 무덤을 만드는 일이 몹시 어려우리라고 생각된다. 일하는 사람들이 동상에 걸려 마음을 다해 일을 처리하지 못할까 걱정이 되는구나. 애통한 마음이 더욱더 심해지는구나. 그러나 장사를 지내는 어려움이 오히려 청상과부 혼자서 빈소를 지키는 어려움보다는 덜할 것이니 어찌 할꼬 어찌 할까?

결국 이채는 혼인을 하고 자식을 남기지 않은 채로 요절하고 말았다. 편지에는 혼인 때 신부 측에 주었던 납폐納幣에 관한 내용도 나타난다.[29]

죽은 네 동생 일은 비참하여 차마 말하기도 싫다만, 전날에 공간公簡(허사렴)이 편지에 말하기를 "혼인 때 납폐納幣했던 물건들을 옮겨오면 보내겠다"고 했다. 내가 답하기를 "차마 그 물건을 내 어찌 볼 수 있겠는가? 준에게 알리고 나한테는 알리지 말라!"고 일러두었다. 지금 다시 생각해보니 넌들 그 물건을 받아서 어찌할 수 없으니 그곳에 보관해두었다가, 훗날 죽은 애를 위해 쓰든가, 아니면 이장移葬할 때나 재사齋舍를 지을 때 쓰도록 해라. 그러면 별 유감이 없을 것이다.

납폐를 옮겨온다는 것은 신부 집에서 가져온다는 뜻이다. 따라서 당시 신부는 신행을 하지 않고 친정에 그대로 머물렀을 가능성이 높다. 이미 신행을 했다면 혼수로 받은 물건을 가지고 신랑 집으로 들어갔으므로 옮겨온다는 표현이 적절하지 않기 때문이다.

어쨌든 차남 이채는 태어난 지 한 달 만에 어머니를 여의고, 자라서는 아버지 품을 떠나 타지에서 혼자 지내다가, 혼인하여 안정을 찾는가 싶더니 요절해버리고 말았다. 흔히 이런 죽음을 '비명횡사非命橫死'라고 한다. 뜻밖의 사고로 제 명을 다하지 못한 죽음이다. 퇴계 역시 이런 아들의 운명을 두고 "네 아우는 살아 있을 때와 죽은 뒤에도 일마다 어긋나기가 이와 같으니 가슴 아프고 안타깝구나!"[30] "너의 동생은 스스로 수명을 재촉하여, 그 명을 다하지 못하고 죽었으니, 이러한 화를 당하게 한 것은 내가 당초에 잘 대처하지 못한 까닭이라, 더욱 가슴이 찢어질 듯하여 할 말이 없구나!"[31] 하고 한탄했다.

게다가 신랑과 신접살림도 차려보지 못하고 과부가 되어버린 둘째 며느리! 이에 퇴계는 "장사를 지내는 어려움이 오히려 청상과부 혼자서 빈소를 지키는 어려움보다는 덜할 것이니 어찌 할꼬 어찌 할까?" 하면서 진심으로 가슴 아파한다.

이런 사연을 전해 들은 퇴계의 고향 사람들 역시 이들 부부의 운명을 예사롭게 받아들이지 않았을 것이다. 여기서 또 하나의 이야기가 나온다.

퇴계 집에 홀로된 며느리가 있어서 하루도 마음 편할 때가 없었다. 며느리는 별당에 혼자 살고 있었다. 퇴계는 밤이 깊어지면 별당을 한 바퀴 돌아보면서 며느리가 무사히 잘 있는지 확인하곤 했다. 어느 봄날 밤이었다. 퇴계는 이날도 자정 가까이 되어 별당을 돌아보고 있었는데, 며느리 방에 불이 환하게 켜져 있었다. 또 방 안에서는 도란도란 정답게 속삭이는 말소리가 들려오는 게 아닌가?

"이 깊은 밤중에 며느리 혼자 있는 방에서 웬 말소리가 들릴까?"

순간 퇴계의 머릿속에 해괴한 생각이 스쳐 지나갔다. 비록 청상과부이기는 해도 양갓집 규수인 며느리가 시어른과 함께 사는 집에서 외간 남자를 방에 들인다는 것은 상상할 수 없는 일이거늘, 한밤중에 혼자 지내는 방에서 속삭이는 소리가 들려나오니 괴상한 생각이 들었던 것이다.

마침 그 방 창호지에 조그만 틈이 있어 방 안을 들여다보니, 과부 며느리가 방 한가운데에 허수아비를 하나 세워두고 마주 앉아 마치 살아 있는 남편을 대하듯이 이 음식 저 음식 권해가면서,

"이 음식도 좀 드셔보세요. 이것도 당신 위해 제가 손수 만든 음식이니까 한번 잡숴보세요."

하고 혼자말로 속삭이고 있는 것이 아닌가!

"저런! 죽은 남편이 얼마나 그리우면 한밤중에 이처럼 망령된 짓을 하는 것인가?"

퇴계는 몹시도 처절한 광경을 보고는 가슴이 찢어지는 듯해 급히 자리를 뜨고 말았다. 그러고는 사랑방으로 돌아가서 잠을 청했으나 마음만 심란할 뿐이었다. 당시로 말하면 '열녀불경이부烈女不更二夫'[32]라는 관념이 지배하고 있던 터라, 여자가 한 번 결혼하면 남편이 세상을 떠나도 개가改嫁한다는 것은 생각조차 할 수 없는 일이었다. 그러하기에 퇴계 역시 며느리가 으레 수절을 하리라고 믿었던 것이다.

그러나 한밤중에 허수아비와 정을 나누고 있는 젊은 며느리의 처절한 광경을 보고 나자, 퇴계는 마음이 흔들리기 시작했다.

"이제 겨우 스무 살 넘긴 과부가 죽은 사람을 위해 구만리 같은 삶을 희생해야 한다는 것이 과연 옳은 일인가?"

며칠 뒤 퇴계는 사돈을 만나 과부 며느리를 친정으로 데려가도록 했다. 그로부터 얼마 뒤 며느리는 친정으로 돌아갔고, 별 소식 없이 수년이 흘렀다.

어느 해 퇴계는 서울로 향하는 길에 날이 어두워 산속에 있는 집에서 하룻밤 신세를 지게 되었다. 그런데 밥상을 받아보니, 신기하게도 모든 음식이 평소 퇴계가 즐겨 먹던 것들이었다.

"참, 신기하다. 남의 집 음식이 이렇게도 입에 맞을 수 있는가?"

다음 날 아침 길을 떠나려고 하자 주인집 아낙네가 하인을 시켜 버선 한 켤레를 선물로 건네주었다. 신어보니 신기할 정도로 발에 꼭 맞지 않는가?

'아! 나의 둘째 며느리가 이 집으로 개가를 한 모양이구나.'

순간 이런 생각이 머리를 스쳤다. 그러나 이미 남의 집 사람이 된 며느리를 대면할 수는 없기에 모른 척하고 대문을 나섰다. 한참을 오고 나서 뒤를 돌아보니 한 아낙네가 담 모퉁이에 몸을 숨기고 바라다보고 있었다.

이 이야기는 얼핏 봐도 사실에 근거하지 않은 것임을 알 수 있다. 우선 퇴계와 둘째 며느리는 함께 살았던 적이 없고, 또 아무리 보호 차원이라고는 하지만 시아버지가 며느리 방을 들여다본다는 것 자체가 현실적이지 못하기 때문이다.

그러나 이야기의 진위 여부와 상관없이 퇴계가 둘째 며느리의 개가를 허락한 것은 엄연한 사실이다.

의령에 통지할 일은 너는 모름지기 짐작하여 속히 저 어머니(둘째 며느리의 어머니)에게 통보하여 실본失本(개가)하게 하여라. 나머지는 말하지 않는다.

1554년 2월 퇴계가 아들 이준에게 보낸 편지 내용이다.[33] 따라서 이런 정황으로 볼 때 퇴계가 과부가 된 둘째 며느리의 개가를 허락했다는 사실을 모티프로 삼아 허구의 이야기가 만들어진 것은 아닐까 생각한다. 그렇다면 사람들은 왜 이런 이야기를 만들어냈을까? 그건 바로

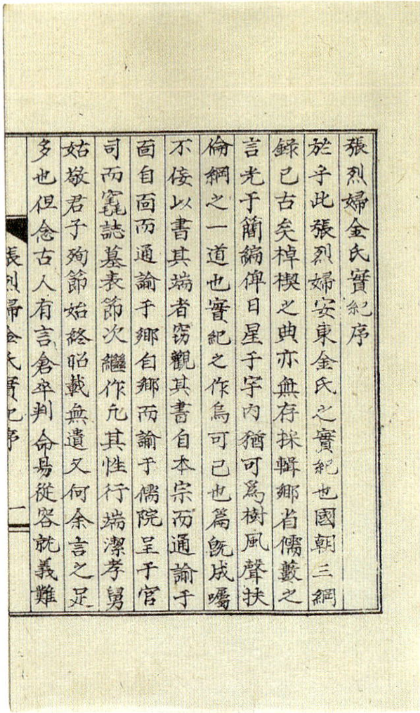
張烈婦金氏實紀序
於乎此張烈婦安東金氏之實紀也國朝三綱
錄已古矣棹楔之典亦無存採輯鄉省儒藪之
言光于簡編俾日星于宇內猶可爲樹風聲扶
倫綱之一道也實紀之作烏可已也篇旣成屬
不佞以書其端者竊觀其書自本宗而通諭于
面自面而通諭于鄉自鄉而諭于儒院呈于官
司而寵誌墓表節次繼作允其性行端潔孝舅
姑敬君子殉節始終昭載無遺又何余言之足
多也但念古人有言倉卒判命易從容就義難
張烈婦金氏實紀序 二

『장열부김씨실기』, 29.9×20.1cm, 1898, 서울역사박물관. 남편을 따라 순절한 안동 김씨의 행적을 기록한 것이다. 여성에게 정절을 강조하면서 집집마다 이런 책을 펴냈는데, 그러나 최고의 유학자 퇴계는 며느리의 재가를 허락했다.

이들 부부의 기구한 운명 때문이다. 젊은 나이에 비명횡사한 신랑! 신행도 하기 전에 청상과부가 되어버린 신부! 특히 죽은 사람이야 그렇다 치더라도, 꽃다운 나이에 과부로 남겨진 신부의 신세는 안타까움 그 자체다. 이들의 소식을 전해 들은 고향 사람들 역시 퇴계와 마찬가지로 "어찌 할꼬 어찌 할까?" 하고 한탄했을 것이다.

그러나 저 멀리 의령에 있는 이 청상과부를 어찌 할 도리는 없다. 더욱이 남의 집 일에 이래라저래라 할 처지도 못 된다. 이런 안타까움이 모여 이야기 속에서라도 그녀에게 행복을 가져다주고 싶었던 것은 아닐까?

또 며느리의 개가를 허락해준 사람이 당대 최고의 유학자 퇴계 이황이라는 사실도 상징적인 의미를 갖는다. 사실 '열녀불경이부烈女不更二夫'는 성리학의 테두리 안에서만 유효한 관념이다. 성리학이 들어오기 전만 하더라도 과부의 재혼에 대해 제약이 없었다. 비교적 자유로웠다. 그러던 것이 성리학적 이념에 의해 여성은 두 지아비를 섬길 수 없다는 이른바 재혼금지 정책이 시행되기에 이른다. 따라서 당대 최고의 유학자인 이황이 엄격히 금지되어 있는 과부 며느리의 재혼을 허락했다는 것 자체가 이야기가 지니는 최고의 반전 포인트인 것이다.

또 하나, 사람들이 생각하고 있는 퇴계의 인품과 덕행도 이야기 줄거리를 구성하는 주된 요소다. 즉, 이야기 저변에는 '퇴계라면 틀림없이 이렇게 했을 것'이라는 기대 심리가 깔려 있는 것이다. 권씨 부인 이야기를 통해서도 알 수 있듯이, 우리에게 알려진 퇴계는 따뜻한 마음과 넉넉한 배려심을 가진 인물이다. 그래서 이야기 속의 퇴계 역시 엄격한 유학자의 모습으로서가 아니라 과부 며느리 걱정에 별당을 돌아보고 밤잠을 설치는 지극히 인간적인 인물로 등장한다. 어쩌면 이것이야말로 이 이야기가 전달하고자 했던 메시지가 아닐까?

2장

퇴계를 만든 여인들

어머니 춘천 박씨 |

동안학발의 할머니 영양 김씨

어머니 춘천 박씨

조선시대의 대표적인 서예가인 한석봉韓石峯(1543~1605, 본명은 한호韓濩)과 대표적인 성리학자 이이李珥(1536~1584, 호는 율곡栗谷)의 이름을 대면, 가장 먼저 떠오르는 단어는 어머니일 것이다. 심지어 한석봉이 무얼 하는 사람인지, 또 이율곡이 어떤 학문적 업적을 남겼는지는 모르더라도, 아들을 명필가로 만든 떡 써는 어머니, 아들을 최고의 학자로 만든 지혜로운 어머니 신사임당은 그야말로 삼척동자도 다 알고 있다.

'맹모삼천지교孟母三遷之敎', 맹자의 어머니가 아들에게 올바른 환경을 조성해주기 위해 세 번이나 이사를 다녔다는 데서 유래한 말이다. 그렇다. 위인들의 어머니가 주목을 받는 이유도, 또 성공을 거둔 이들이 한결같이 "내 인생의 성공에는 어머니가 계신다"고 말하는 까닭은, 그 자리에 서기까지 어머니의 영향이 지대했기 때문일 것이다. 이때의 영향이란 직접적인 가르침이 될 수도 있고, 또 스스로 모범을 보이는 실천적인 삶의 모습일 수도 있다.

퇴계 역시 어머니 춘천 박씨(1470~1537)를 각별하게 생각했다. 퇴계의 부친 이식은 안동 내앞川前 출신 첫째 부인 의성 김씨와의 사이에 이잠과 이하 등 2남1녀를 두었으나, 김씨 부인은 29세의 이른 나이로 숨을 거두었다.

한편 퇴계가 지은 「의성김씨묘갈명先妣贈貞夫人金氏墓碣識」에 "정랑공[34]께서 일찍 세상을 떴는데, 집에 책이 넘쳐날 정도였다. 영양 남씨(김씨 부인의 어머니)가 선친이 학문에 뜻이 독실한 것을 기쁘게 생각하시고 그 책을 모두 주었다. 이로 인해 선친의 학문이 넓고 깊어질 수 있었다"는 내용이 나온다. 아버지 이식이 처가로부터 물려받은 수많은 서책은 장차 퇴계의 학문적 소양을 기르는 데에도 적지 않은 도움이 되었을 것이다.

첫째 부인을 잃은 아버지는 예천 지보면 대죽리(옛 용궁현) 박치朴緇의 딸 춘천 박씨와 혼인하여 이의, 이해, 이징, 이황을 낳았다. 퇴계는 7남매 가운데 6형제의 막내다. 춘천 박씨가 퇴계를 낳을 당시 공자가 대문 안으로 들어오는 태몽을 꾸었다고 한다. 그래서 그 문을 성림문聖臨門이라 하는데, 지금도 온혜 종가(노송정)에 성림문과 퇴계가 태어난 태실胎室이 남아 있다.

퇴계의 아버지 이식은 진사시에 합격하고 이듬해 마흔의 나이에 세상을 떴다. 당시 퇴계는 7개월을 막 넘긴 갓난아기였으며, 어머니 춘천 박씨는 33세였다. 퇴계는 젊은 나이에 남편을 여의고 7남매를 홀로 키운 어머니의 고단한 삶을 곁에서 보고 자랐다. 그리하여 1537년 어머니가 68세의 나이로 눈을 감았을 때 평소 마음속에 담아두었던 어머

성림문聖臨門.

니에 대한 깊은 사랑을 적어 내려갔다. 퇴계가 지은 「춘천박씨묘갈명先妣贈貞夫人朴氏墓碣識」이다.

어머니 정부인은 박씨다. 그 선조는 강원도 춘천 사람이다. 고려 말 원비元庇라는 분이 있었는데, 벼슬은 판사判事였다. 이분이 광

온혜 노송정에 남아 있는 퇴계 선생 태실.

정光廷을 낳았고 경상도 용궁현(지금의 지보면) 대죽리大竹里로 옮겨 살았으니 곧 어머니의 고조부다. 증조의 이름은 농農인데 칠원현감을 지냈다. 조부는 효천孝佃이고 아버지(외조부)는 치緇인데, 모두 숨은 덕망이 있었으나 벼슬길에는 나아가지 않았다. 어머니(외조모)는 월성 이씨로 생원 시민時敏의 딸이다. 대사헌을 지낸 승직繩直의 후손이다.

어머니는 1470년 3월 18일에 태어나셨다. 타고난 자질이 고우셨으며 자라서는 아버지의 계실繼室로 들어왔다. 돌아가신 아버지는 뜻이 돈독하고 옛것을 좋아하셨으며 경사經史에 탐닉하였다. 과거공부로 인해 가사에는 힘을 쏟을 겨를이 없었으므로 어머니께서 시어머니를 정성껏 섬기면서 봉제사奉祭祀에도 성심을 다하고 살림을 근검하게 꾸려나갔다.

아랫사람(하인)을 엄하게 대하면서도 은혜를 베풀어 스스로 신뢰하도록 했다. 길쌈을 하고 음식을 마련하는 일에 밤낮을 가리지 않았으며 조금도 게을리 한 적이 없었다. 1501년 아버지께서 진사에 급제하고 이듬해 6월에 병으로 돌아가시니, 그때 맏형(잠潛)이 겨우 장가를 들었을 뿐 나머지는 모두 어렸다. 어머니께서는 자식은 많은데 일찍이 혼자된 것을 가슴 아파 하시며 장차 가문을 지키지 못할까, 또 혼기에 맞춰 시집장가를 보내지 못할까, 늘 노심초사하셨다.

아버지 삼년상을 마치자 제사를 맏형에게 맡기고, 그 옆에 집을

「사계산수도」, 조정규, 종이에 엷은 색, 88.8×47.9cm, 1862, 고려대박물관. 퇴계의 어머니 춘천 박씨는 아버지 대신 농사일 등을 하면서 집안살림을 꾸려나갔다.

지어 거처하면서 밤낮으로 농사짓고 누에치는 일에 매달리셨다. 갑자년(1504)과 을축년(1505)[35]에는 부역과 세금이 혹심하여 가산을 파산하는 이들이 수두룩했는데 어머니께서는 어려움을 거뜬히 이겨내고 가업을 유지해나가셨다. 자식들이 성장하자 가난으로부터 벗어나기 위해 더욱 힘을 쏟았다. 그러고는 자식들이 멀고 가까운 스승을 찾아 공부할 수 있도록 해주셨다.

언제나 훈계하시기를 "오직 문예에만 치중하지 말고 몸가짐과 행실을 삼가는 것에 주의를 기울이거라" 하면서 일러주셨는데, 그때마다 사물에 비유하여 가르침을 주시니 친절하고 절실한 깨우침이 아닐 수 없었다. 또 말씀하시기를 "세상 사람들이 과부의 자식은 교양이 없다고들 비꼬니, 너희는 남보다 백배의 노력을 하지 않으면 이러한 비웃음을 어찌 면할 수 있겠는가" 하셨다. 훗날 두 아들이 과거에 급제하여 벼슬길에 오르는 것을 보고도 기뻐하지 않으시고, 늘 세상의 환란을 근심하셨다.

문자를 배운 적은 없으나 평소 아버님의 정훈庭訓과 아들들이 공부하는 것을 곁에서 들으시고 스스로 깨우침을 얻으셔서 학식과 생각이 사군자士君子와 다를 바 없었다. 그러나 이를 안으로만 지

「베 짜기」, 전 유운홍, 종이에 엷은 색, 92.0×40.0cm, 19세기, 국립중앙박물관. 퇴계가 기억하는 어머니 춘천 박씨는 집안일을 게을리 하지 않으며 아랫사람들에게 은혜를 베풀었던 분이었다.

니고 있을 뿐, 겉으로는 항상 조용하고 삼갈 뿐이었다. 정유년 (1537) 10월 15일 병환으로 돌아가시니 향년 68세였다.

퇴계가 회고하는 춘천 박씨는 억척스러움(용기)과 지혜로움을 겸비한 어머니였다. 억척스러움은 "길쌈을 하고 음식을 마련하는 일에 밤낮을 가리지 않았으며 조금도 게을리 한 적이 없었다"라는 퇴계의 기억에서 엿볼 수 있고, 지혜로움은 "아랫사람을 엄하게 대하면서도 은혜를 베풀어 스스로 신뢰하도록 했다"라고 한 대목에서 묻어나온다.

33세의 젊은 아녀자가 홀로 7남매를 데리고 살아가야 했으니, 억척스러움이 없었다면 헤쳐나가기 힘들었을 것이다. 춘천 박씨는 농사와 누에치기, 길쌈 등 그야말로 밤낮을 가리지 않고 일을 했던 듯하다. 특히 누에치기는 고소득을 올릴 수 있지만 매우 고된 노동이 동반된다. 춘천 박씨는 양잠으로 가계를 일으켜 세웠고, 그러했기에 혹독한 부역과 세금에 시달린 나머지 파산해버리는 이웃들과 달리 흔들림 없이 가업을 유지해나가고 자녀들의 교육비를 충당할 수 있었다. 퇴계 또한 말년에 고향에 있을 때는 모친이 일군 양잠업을 이어나가며 누에치기의 중요성을 가족들에게 강조하기도 했다. 제자들은 퇴계가 50세 이후 한서암寒栖庵에서 짚자리와 갈대를 깔고 보통 사람은 견디기 어려운 생활을 자족하게 해나가는 모습을 보고 소감을 남기기도 했는데, "퇴계가 서당에서 돌아오면 누에를 쳐서 집 안에 들어갈 수가 없어 다른 데로 피신하기도 했다"[36]는 기록이 누에치기와 퇴계의 일상적 삶을 연결시

퇴계가 50세 이후에 머물렀던 한서암.

켜 보여주기도 한다.

그렇다면 조선시대의 누에치기란 대체 어느 정도의 노동을 요구하는 일이었을까? 누에치기는 매우 까다로워 손이 많이 가고 1년 내내 쉴 틈이 없었다. 누에 치는 방법은 다음과 같다. 농서를 보면 "음력 5월에 잘 익은 오디를 따서 물에 담그고 손으로 문지른다. 씨알을 말끔하게 씻어 종자를 건어올려 그늘에 말린다. 10무畝의 기름진 밭을 갈아 두둑을 만들고 골라서 마련한다. 오랫동안 묵혀두었던 밭이 가장 좋다. 이러한 밭을 쟁기로 갈아엎고 써레질을 잘 한다. 1무당 기장과 오디를 3되씩 섞어서 한꺼번에 뿌린다. 뽕과 기장은 같은 때 싹이 돋는다. 호미로 밭을 매고 솎아주되 뽕의 어린 싹이 알맞게 자라도록 적당한 간격으로 한다. 또한 기장이 함께 자라 이삭이 여물면 거둬들인다. 뽕나무도 기장과 비슷하게 자라면 낫을 땅에 붙여 함께 깔아둔다. 두 식물을 한꺼번에 햇볕에 말려야 한다. 말린 뒤 바람이 일면 불을 놓아 태운다. 이듬해 봄에 뽕나무 눈이 싹터 나오면 세 상자의 누에를 칠 만큼 뽕잎을 거둘 수 있다."

누에치기는 누에를 다루는 데서 승패가 결정된다. 보통 누에나방은 번데기에서 열흘 뒤 고치를 깨고 밖으로 나온다. 암컷과 수컷은 그 수가 같으며, 암컷은 엎드린 채 움직이지 않으나 수컷은 두 날개를 퍼덕거리다가 암컷을 만나면 곧 교미한다. 6시간이나 12시간이 지나 교미한 뒤 떨어지면 수컷은 정력이 다해 죽고, 암컷은 곧 알을 낳는다. 이 알을 종이나 베에 받는다. 어느 것을 쓸지는 지역에 따라 다르다. 한 마

「숙종어제잠직도」, 전 진재해, 비단에 채색, 137.6×52.4cm, 1697, 국립중앙박물관.

리의 나방은 200여 개의 알을 낳으며, 이 알들은 스스로 종이 위에 붙어 골고루 깔려서 그대로 두어도 결코 쌓이지 않는다. 양잠가養蠶家는 이것을 거뒀다가 다음 해까지 기다린다.

또한 누에알은 미역을 감긴다. 잠종지蠶種紙 한 장마다 염창鹽倉에서 흘러나온 간수, 즉 소금이 습기를 만나 저절로 녹아 흐르는 물 두 되에다 물을 더해 아가리가 넓은 그릇에 담고 잠종지를 물에 띄운다. 음력 12월 12일에서 24일까지 12일 동안 담가두었다가 꺼내 약한 불에 쬐어 말린다. 다음에는 상자 속에 조심스럽게 간직해 조금이라도 바람이나 습기가 닿지 않도록 한다. 청명을 기다렸다가 날씨가 따뜻해지면 부화시킨다. 미역감기는 병약한 누에씨가 이 욕법으로 자연스럽게 죽어 애누에가 되지 않도록 하기 위해서다. 이렇게 하면 뽕잎이 낭비되는 것도 막을 수 있고, 살아남은 알에서 많은 실을 얻을 수 있다. 누에를 해치는 것으로는 참새, 쥐, 모기 세 종류가 있다. 참새는 고치를 해치지 않고, 모기는 이른 누에를 해치지 않으나 쥐는 모두에게 해를 끼친다. 이를 막는 방법은 많지만 오로지 사람의 힘에 달렸다. 만약 참새의 똥이 묻은 잎을 누에에게 먹이면 그 자리에서 죽어 썩는다.[37]

이처럼 누에치기는 커다란 정성을 들여 좋은 비단을 생산해낼 때 농가의 수익을 보전할 수 있다. 따라서 퇴계가 평생을 실천해온 검약한 생활은 어머니의 이런 고단한 삶에서 영향을 받은 것은 아닐까, 하고 생각해본다. 이런 점에서 어머니 춘천 박씨는 스스로 실천하는 모범적인 삶을 자녀들에게 보여주는 참교육자였다고 할 수 있다.

뿐만 아니다. "문예文藝에만 치중하지 말고 몸가짐과 행실을 삼가는 것에 주의를 기울이거라" 하는 춘천 박씨의 가르침은 자녀들에게 오직 일등(최고)만을 요구하는 오늘날의 부모들이 새겨들어야 할 부분이다. 어머니의 이런 가르침 덕분에 퇴계는 학문적으로나 또 인품 면에서도 시대와 지역을 초월하여 존경받는 학자가 될 수 있었다.

훗날 춘천 박씨가 눈을 감을 때 퇴계는 승의랑(6품계)이 되어 서울에 머물고 있었다. 「연보年譜」에 적혀 있기를, 어머니의 별세 소식을 듣고 한걸음에 달려온 퇴계는 초상을 치르는 내내 식음을 전폐하여 그야말로 꼬챙이처럼 말라 병을 얻어 목숨을 거의 잃을 지경에까지 이르렀다고 한다. 아마도 삶의 정신적 멘토를 잃은 아픔 때문이었을 것이다.

동안학발의 할머니 영양 김씨

퇴계의 인격 형성에 영향을 주었을 또 다른 여성으로 조모 영양 김씨가 있다. 그런데 사실, 굳이 여성에게만 국한시키지 않더라도 퇴계가 성장할 무렵에는 조부와 부친이 계시지 않았다. 조부 이계양은 퇴계가 태어나기 훨씬 전에 세상을 떴으며, 아버지 역시 생후 7개월 때 숨을 거두었다. 그러므로 자연스럽게 조모와 어머니로부터 영향을 받았을 것이다.

할머니 영양 김씨(1430~1522)는 예안 출신으로 93세까지 장수를 누렸다. 이를 퇴계는 "동안학발童顔鶴髮로 천수를 마치다"라고 표현했다. 사실 '동안'과 '학발'은 어울리지 않는 조합이다. 나이가 들면 흰머리가 나면서(학발) 얼굴에 깊은 주름이 파이는 것이 지극히 당연한데, 흰머리에 어린아이의 얼굴을 하고 있으니 자연스럽지 않을 수밖에 없다. 그러나 당시 유학자들은 장수를 누리는 노인을 표현할 때 이 단어를 곧잘 썼는데, 한마디로 말해 '신선神仙의 얼굴'을 하고 있다는 뜻이다. 그도 그럴 것이 아흔 살, 백 살을 넘기도록 살다보면 대부분 관조적觀照的 삶의 자세를 지니게 된다. 이른바 삶에 달관했다는 뜻이다. 그동안 살아오면서 좋은 일 궂은 일 두루 겪고 나니, 웬만해서는 사소한 일에 매달리지 않는 여유가 생기는 것이다. 우리가 노인들의 얼굴에서 어린아이의 표정을 읽을 수 있는 이유도 바로 이런 점 때문이다.

이처럼 조모 영양 김씨도 '동안학발'의 자애로운 모습으로 퇴계를 대했을 것이다. 퇴계는 조모에 대한 이런 기억을 떠올리면서 「영양김씨묘갈명貞夫人英陽金氏墓碣識」을 써내려갔다.

> 조모 김씨의 본관은 영양英陽이니 증조부 도생道生은 진도군수요, 조부 지로智老는 신천부사요, 부친 유용有庸은 별시위 부사직을 지냈고, 어머니는 영천 이씨 의흥현감 휘 파坡[38]의 따님이시다. 조모는 경술년(1430) 10월 4일에 태어나셨다. 성품이 후덕하고 정성스럽고 순수하여 간곡한 마음으로 증판서공 휘 계양繼陽을 섬기셨고, 가시덤불을 헤치고 기틀을 닦을 때 근검으로 내조를 하셨으며 자애와 은혜로써 비복과 자제를 길러서 창업 기반을 세우고 문호

를 이루었으니, 오늘에 이르러 자손들이 번성하게 된 것이다. 우리 선군(아버지)께서 일찍 돌아가시고 숙부 참판공(송재 이우)이 조정에 수십 년 동안 계시면서 좋은 의복과 음식으로 봉양했으며, 숙모 이씨도 단정하고 한결같이 공경하며 극진히 봉양했다. 조모께서는 확고한 부덕婦德을 가지심에 떳떳한 법도가 있어 시종일관 호화롭고 교사한 빛이 없었으므로 자손의 부녀들 사이에는 조금도 간언間言하는 일이 없었다. 여러 자손이 나아가 뵈올 때면 반드시 부지런히 공부하여 입신양명하기를 권장하셨으며, 행여 공부에 소홀하고 행실에 결함이 있을까, 항시 경계하셨다. 동안학발童顔鶴髮로 천수를 누리시다가 1522년 9월 18일 향년 93세에 돌아가셨다.

영양 김씨는 퇴계가 22세 되던 해인 1522년에 숨을 거두었으니, 퇴계가 성인이 되고 혼례를 치를 때까지(1521년 혼인함) 살아 있었던 셈이다. 특히 조부와 부친을 일찍 여의고 집안 어른이라곤 조모와 어머니밖에 계시지 않았기에 누구보다 의지할 만한 분이었을 것이다. 물론 숙부 송재 이우로부터도 학문을 비롯해 많은 영향을 받았지만, 벼슬길에 나가 있는 날이 잦았기 때문에 일상적인 영역에서는 늘 가까이 있는 조모와 어머니로부터 많은 가르침을 받았을 것이다.

그런가 하면 조부 노송정老松亭 이계양李繼陽(1424~1488)은 퇴계가 태어나기 13년 전에 세상을 떠났기 때문에 직접적인 가르침은 주지 않았지만, 그의 올곧은 삶은 손자의 인격 형성에 큰 영향을 끼쳤을 것으로 생각된다. 안동 주촌(현재 와룡면 주하리)에서 태어난 이계양은 혼인한 뒤 예안 부라촌(현재 예안면 부포리)으로 분가했고, 이후 온혜에 터전을 마련한다. 이에 얽힌 이야기가 전한다. 이계양은 1453년 사마시에 합격해 이듬해 봉화 훈도訓導(종9품 외관직)가 되었는데, 부임지로 향하는 길에 온혜의 자연 풍광이 마음에 들어 고갯길에서 잠시 멈추고는 이곳저곳을 둘러보고 있었다. 그러던 중 지나가던 승려가 고갯마루에 멈춰 서더니 온혜를 내려다보면서 풍광의 아름다움에 감탄하는 것이었다. 이에 두 사람은 곧바로 의기투합해 온혜의 풍수 이야기를 나누었다. 그런데 승려가 자리에서 벌떡 일어나더니, 지금의 노송정 종가 터를 가리키며 귀한 아들을 낳을 곳이라는 말을 남기고는 홀연히 사라졌다. 그러고는 이듬해 이계양은 부라촌에서 온혜로 거주지를 옮겨왔다.

그러나 다음해 1455년, 단종이 폐위되는 사건이 일어나자 지금의 종택 뜰에 만년송萬年松을 심고 거처하던 곳에 노송정이라는 현판을 걸고는 자신의 호로 삼았다. 당시 그가 소나무를 심었던 까닭은 이른바 송백의 지조를 스스로 다짐하기 위함이었다. 『논어』에 "한겨울 추위가 지난 뒤에야 소나무와 잣나무가 푸르게 남아 있음을 안다歲寒然後知松柏之後彫"라는 구절이 있듯, 예로부터 소나무는 선비의 지조와 절개를 상징하는 일종의 표식이었다. 이런 이유로 이계양 역시 마당에 소나무를 심어 매일같이 바라보면서 임금(단종)에 대한 충절을 다짐했던 것이다.

노송정

그러다가 1457년 단종이 노산군魯山君으로 강봉降封되어 강원도 영월로 유배를 가자, 이번에는 집 뒤쪽에서 10리 떨어져 있는 국망봉에 제단을 쌓고 임금이 계신 영월을 향해 절을 올리면서 북받쳐 오르는 슬픔과 원통함을 달래곤 했다. 이때가 그의 나이 38세였다. 이후 이계양은 세조의 조정에서 내리는 벼슬을 마다하고 평생을 세한송백歲寒松柏의 지조를 지키다가 삶을 마감했다.

퇴계의 조모 영양 김씨는 남편의 이런 삶을 가장 가까이서 지켜본 장본인이다. 그러면서 선비의 지조와 절개, 사람으로서의 도리를 자연스럽게 터득했을 테고, 이는 고스란히 아들이나 손자에게 전해졌을 것이다. 이처럼 어린 시절에 들은 조모의 이야기는 퇴계가 평생 잊지 못할 삶의 나침반이 되었음이 틀림없다.

3장

퇴계, 백성을 받들다

백면서생, 농사를 염려하다 | 향촌의 질서를 바로잡다 | 귀천을 가리지 않고 존중하다 | 남의 자식을 죽여서 내 자식을 살리는 것은 옳지 못하다 | 대장장이에게 배움의 길을 터주다 | 의롭지 않은 것은 멀리하라 | 출처와 명분이 확실치 않은 물건은 사양하다 | 혐의를 경계하다 | 가난할수록 더욱 즐겨라 | 비석 대신 조그마한 돌을 세워라

퇴계는 일신一身의 편안함만을 추구하지 않았다. 늘 주변을 돌아보는 삶을 살았다. 실제로 그의 주변은 그가 돌봐야 할 사람들로 넘쳐났는데, 가장 가까이에는 가족을 비롯한 많은 친척이 있었다. 퇴계는 가정적으로 결코 다복한 사람은 아니었다.

태어난 지 7개월 만에 아버지를 여의고, 또 삶의 멘토였던 숙부(이우)는 그가 17세 때 세상을 떴다. 그런가 하면 조부 이계양마저 그가 태어나기 13년 전에 숨을 거두었기 때문에 조부의 사랑도 받지 못했다. 형제들 역시 그가 30대에 맏형 이잠과 셋째 형 이의가 세상을 떴으며, 40대에는 둘째 형 이하, 50대에는 넷째 형 이해가 그의 곁을 차례로 떠났다. 따라서 예순이 넘어서는 다섯째 형인 이징만이 생존해 있었을 뿐이다. 특히 퇴계가 가장 의지했던 넷째 형이 세상을 뜨고 나서는 그야말로 혼자서 집안을 책임져야만 했다.

당시 온혜의 큰집, 곧 조부 이계양 아래의 자손들이 약 200명(외손 포함)이었다. 이들 중 절반 이상이 퇴계로부터 보살핌과 교육을 받았다. 퇴계는 치산治山에서 시작하여 교육, 혼인, 후사後嗣, 봉제사 등에 관한 문제를 직간접적으로 해결해나갔다. 실제로 퇴계가 아들 이준에게 보낸 편지 가운데 절반 이상은 씨앗을 뿌리고, 가뭄에 대비하고, 추수를 하는 일 등을 비롯한 집안 문제에 관한 내용들이다. 이런 점에서 퇴계는 수신修身은 기본이고, 제가齊家 역시 훌륭히 수행해낸 셈이다. 그렇다면 치국治國 면에서는 어떠했을까? 퇴계의 보살핌은 집안이라는 울타리를 넘어서까지 이어졌다.

백면서생, 농사를 염려하다

퇴계는 비교적 늦은 나이에 벼슬길에 올랐다. 원래 그는 벼슬에 뜻을 두지 않고 오직 학문에만 몰두하다가 형들과 어머니의 권유로 과거에 응했다. 그러다보니 과거에 필요한 문장 수련 등 이른바 시험용 공부는 거의 익히지 못했는데, 이런 이유로 24세 때 과거에 응시했다가 실패하기도 했다. 그래서 25, 26세에는 과거시험에 필요한 공부에 매진하여 이윽고 27, 28세에 생원·진사를 뽑는 사마시에 합격했다. 이후 퇴계는 곧바로 대과에 응시하지 않고 34세에 이르러서야 문과급제를 해 벼슬길에 오른다.

퇴계는 사마시 합격에서 대과급제까지의 공백 기간에 부인 김해 허씨를 잃고 삼년상을 치렀으며, 자녀 양육을 위해 유모乳母를 구하고, 또 둘째 부인 안동 권씨를 맞이하는 등 이런저런 가정 문제에 시달렸다. 그러다가 1533년 집안 문제가 어느 정도 정리되자 대과 준비를 위

온계종택(삼백당).

祖 贈嘉善大夫兵曹參判兼同知義禁府事成均進士

曾祖 贈通政大夫兵曹參議行中直大夫善山都護府

外祖 修義副尉龍驤衛司正朴緇 本春川

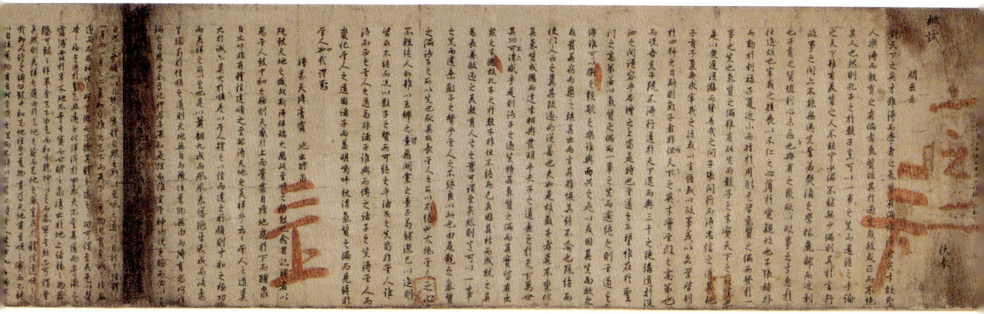

「향시 시권」, 이황, 75×27.3cm, 1527, 경북대박물관. 퇴계가 27세 때 치른 향시 답안지다. 당시 이황은 진사시 1등과 생원시 2등을 차지했다. 퇴계는 이듬해에 서울에서 치른 회시(2차 시험)에 합격하여 진사가 되었다.

해 성균관에 유학하고, 이듬해 34세의 나이에 문과급제를 하게 된다.

그런 다음 승문원 부정자에서 첫 벼슬을 시작해 생애 90여 종의 관직을 두루 거쳤다. 퇴계가 역임한 대부분의 벼슬은 내직(중앙 관직)이었으며, 외직(지방 관리)은 단양군수와 풍기군수 등 두 차례 정도였다. 그는 1548년 1월, 48세 되던 해에 단양군수로 부임했다. 지금까지 중앙의 관직에만 있던 퇴계로서는 백성의 삶을 가까이서 접하는 최초의 기회였다. 물론 1542년 암행어사에 임명되어 충청도 지역을 순찰하는 업무를 수행한 적은 있지만, 자신이 직접 백성의 삶을 책임지는 것은 처음이었다.

그런데 공교롭게 퇴계가 부임하던 해에 단양 지역은 잇따른 흉년으로 백성들의 삶이 몹시 피폐해져 있었다. 그래서 부임 첫날 진상을 파악하기 위해 몸소 마을을 찾아다녔는데, 훗날 그가 쓴 「단양산수기丹

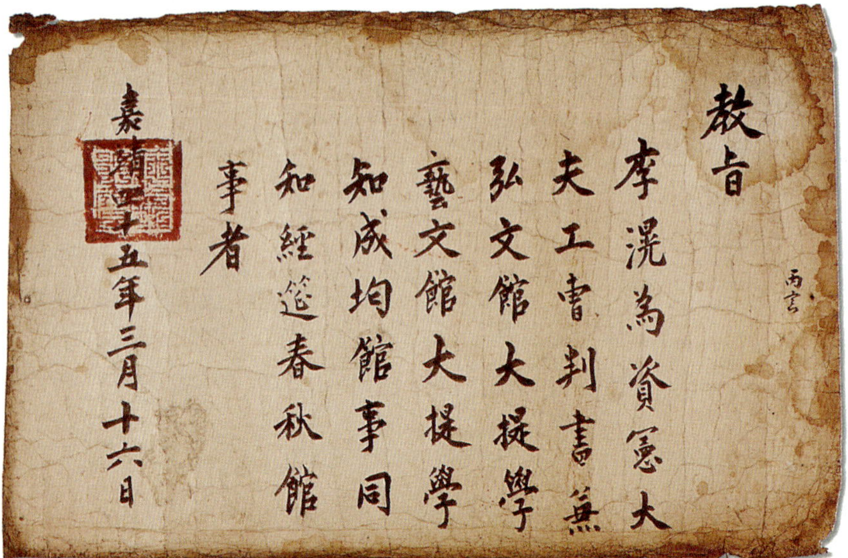

教旨
李滉爲資憲大
夫工曹判書兼
弘文館大提學
藝文館大提學
知成均館事同
知經筵春秋館
事者
嘉靖四十五年三月十六日

「교지敎旨」, 86.0×54.5cm, 1566, 진성 이씨 상계종택 기탁, 유교문화박물관. 퇴계 이황을 공조판서 겸 홍문관 대제학 등에 임명한다는 교지다.

陽山水記」에 당시 상황이 기록되어 있다.

> 가정嘉靖 무신년(1548) 봄 내가 처음 단양에 수령으로 나갔는데, 마침 그해 흉년을 만나 공사公私는 곤급困急하고 질병과 우환이 심해 흉년을 다스리는 일 외에는 항상 마음이 우울하여 문을 닫고 지낼 뿐이었으며, 내가 좋아하는 산수에 노니는 것조차 여의치 못했다. 기민飢民을 구제하려고 산골짜기 사이를 왕래하다가 한두 군데 좋은 곳을 얻어 보았을 뿐이다.

평소 좋아하던 산수자연을 뒤로한 채 골짜기를 누비고 다니던 퇴계의 모습이 눈앞에 생생하게 그려진다. 그런가 하면 1548년 4월에는 계속된 가뭄으로 흉년이 이어지자 백성들의 고통을 덜어주기 위해 몸소 기우문祈雨文을 짓기도 했다.[39]

> 유가정維嘉靖 27년 세차歲次 무신 4월 병오 삭 19일 갑자에 통훈대부 행行 단양군수 이황은 삼가 유향소의 별감 장세전張世銓을 보내 소뢰小牢[40]의 제물로 상악산上岳山[41]의 산신에게 고하나이다.
>
> 높고 높은 상악산 봉역에 우뚝 섰네. 영검과 복을 머금고서 만물에 이로움을 끼쳤네. 지난해 거듭 흉년이 들어 백성의 목숨이 위급했고 이제 보리 수확기를 맞아 먹을 것을 갈망하거늘 어찌하여 심한 가뭄으로 극심한 재해가 되게 하는지요. 쑥쑥 자란 보리들 그 이삭이 불에 그을린 듯해 씨 뿌린 것도 싹이 나지 않고 싹이 난 것도 번성하지 않네. 당장 입에 넣을 것이 없고 가을 수확도 희망이 사라지니, 애절한 우리 백성 모두 굶어 죽어 골짜기를 메울 지경이요, 고을을 지키는 수령이 죄 있으면 당연히 그 벌을 받아야겠지만, 죄 없는 백성들의 울부짖음 이것이 시급하다오. 신의 내려다봄이 매우 밝은데 어찌하여 은혜를 베풀지 않는지요! 때를 늦추지 말고 쏟아지는 단비를 제때에 내려준다면 우리 백성들의 목숨이 살아나고 신도 의지할 곳이 있을 것입니다. 황滉은 재계하고 목욕하였으나 때마침 사정이 있어 직접 하소연하지 못하니 다만

「한벽루」, 정선, 비단에 엷은색, 25.5×20.5cm, 1737, 간송미술관. 단양의 경치 중 빼어나다고 이름난 한벽루의 모습이다. 퇴계는 이곳에서 벼슬을 했는데, 백성들의 삶이 피폐하여 기우문을 짓기도 했다.

간절히 송구스러움을 더할 뿐입니다. 상향尙饗

조선시대 유학자들의 문집 등을 보면 간혹 기우제문이 실려 있곤 하다. 그런데 이들 대부분이 일률적인 형식과 내용을 취하고 있는 반면, 퇴계가 지은 기우문은 참으로 가슴에 와닿는다. 특히 "당장 입에 넣을 것이 없고 가을 수확도 희망이 사라지니, 애절한 우리 백성 모두 굶어 죽어 골짜기를 메울 지경"이라는 표현에서는 백성의 삶을 누구보다 잘 파악하면서 걱정하는 퇴계의 모습이 그려진다. 또 "고을을 지키는 수령이 죄 있으면 당연히 그 벌을 받아야겠지만, 죄 없는 백성들의 울부짖음 이것이 시급하다오"라고 호소하는 모습은 백성들의 삶을 보살피는 관리의 진정한 책무가 무엇인가를 새삼 일깨워주기도 한다. 그런가 하면 배곯은 백성들을 쳐다보다가 하늘에 대한 원망이 솟아났는지 어투에 답답함과 야속함이 묻어나 있기도 하다.

퇴계의 학문적 특징을 나타내는 키워드 중 하나는 '실천'이다. 퇴계는 누구보다 치열하게 학문적 이론에 몰두했지만, 이에 못지않게 일상의 삶에서 실행하는 것을 궁극적인 목표로 삼으면서 이른바 '실천유학'을 구현하는 데 힘을 쏟았다. 이를 위해 퇴계는 거경궁리居敬窮理의 삶을 추구했다. 거경궁리란 학문적으로 탐구한 것을 실천으로 체험해야만 비로소 참된 앎으로 이어진다는 이치를 말한다. 아울러 이것은 군자의 경지에 있는 사람만이 할 수 있는 것이 아니라 물가에서 스스로 물을 마시는 것처럼 학문을 하려는 사람이라면 누구나 실천할 수 있는

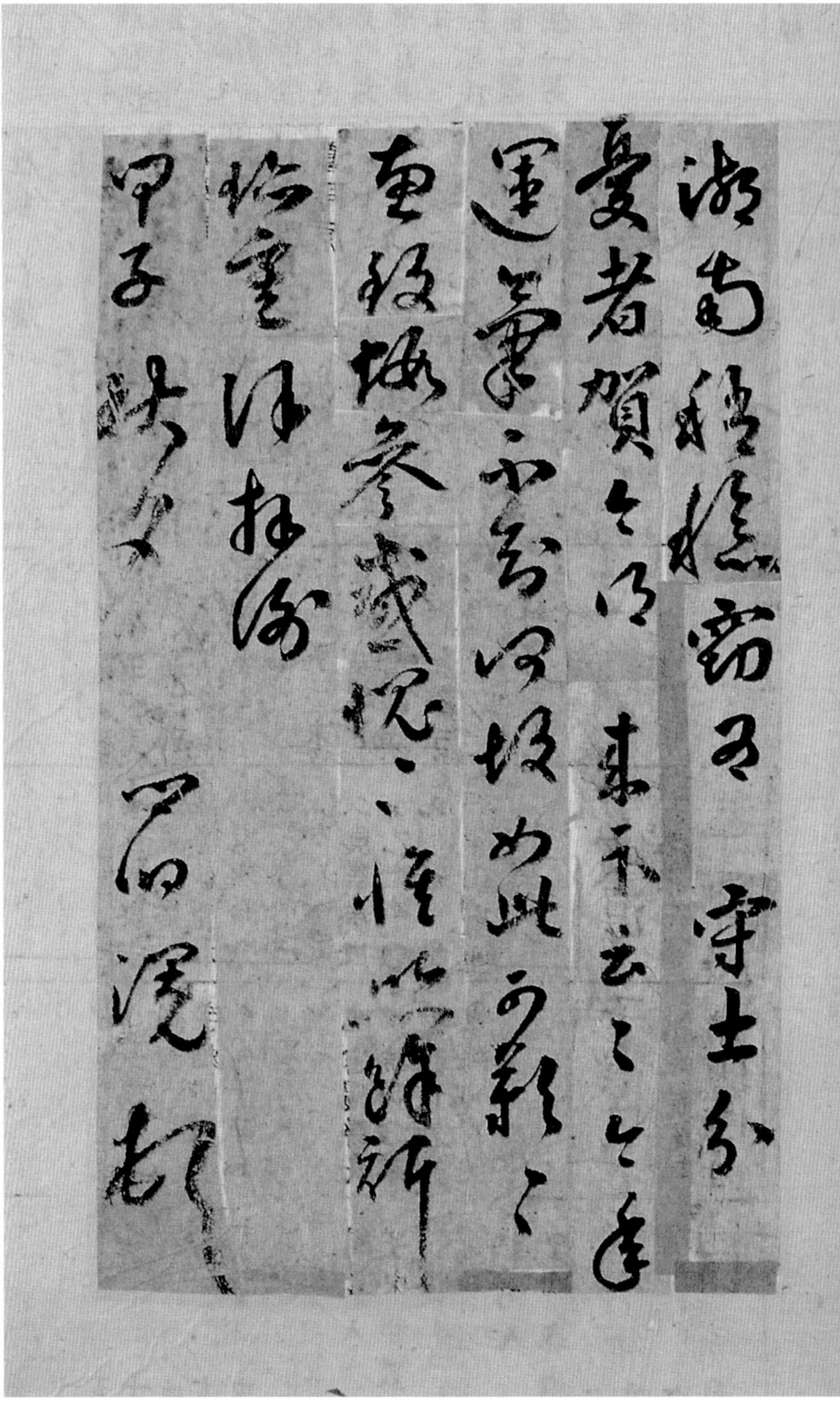

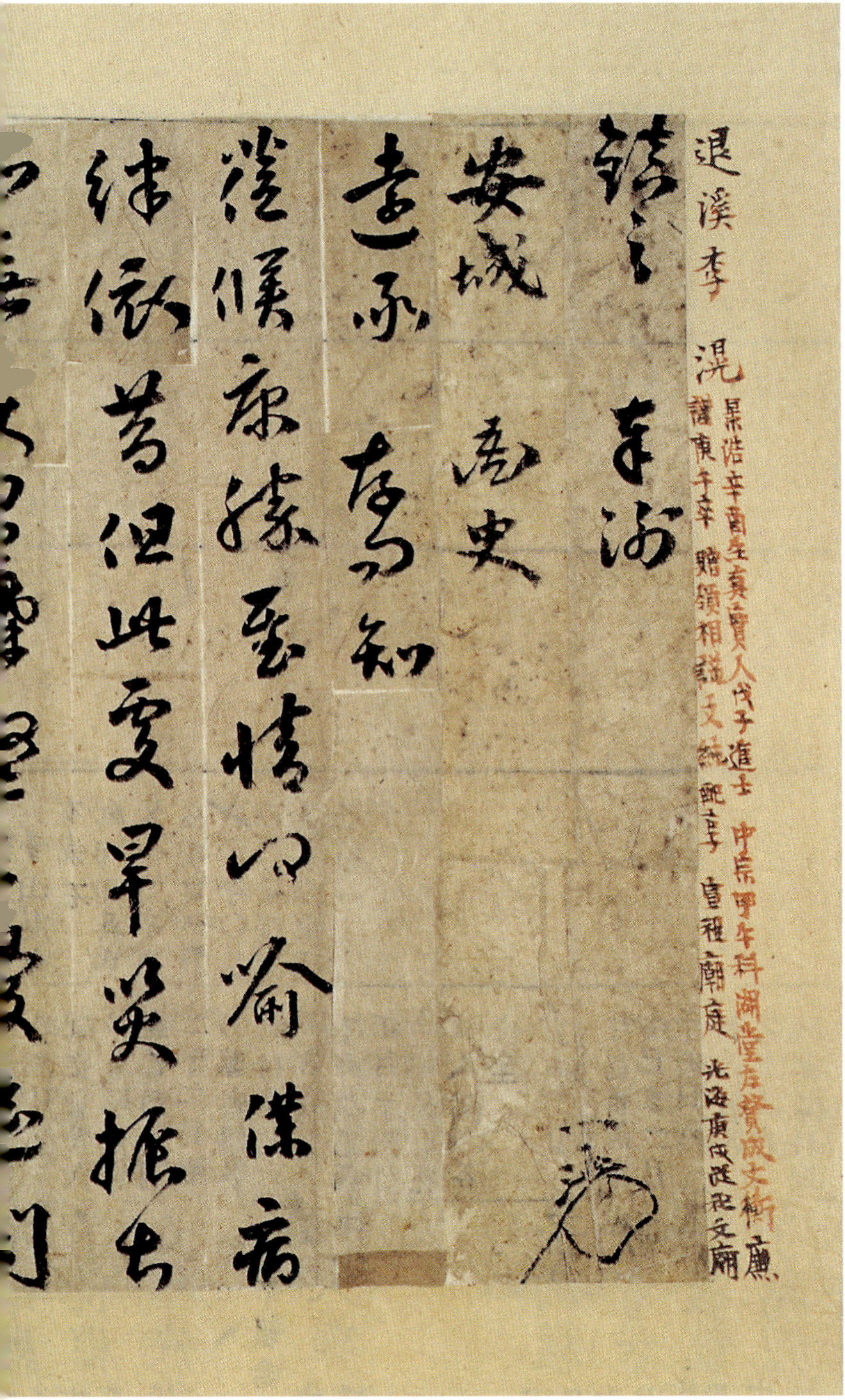

「이황 간찰」, 『조선명현필첩』, 이황, 30.5×21.0cm, 16세기, 국립중앙박물관. 퇴계 이황이 추석을 맞아 친구인 안성수령에게 보낸 편지인데, 지금 거처하고 있는 곳은 가뭄이 심해 백성들이 굶어 죽을 지경이며 자신 또한 병든 지 오래되었다고 전하고 있다.

「대학도大學圖」, 『성학십도』 목판, 소수박물관. 퇴계의 거경궁리는 『성학십도』를 통해 집약되었다.

것이라고 생각했다.

대부분의 사람은 퇴계를 '백면서생白面書生', 곧 글만 읽고 세상 물정을 모르는 학자로만 알고 있다. 또 천 원짜리 지폐에 그려진 퇴계의 모습을 보면 얼굴은 창백하고 다소 병약해 보이기까지 한다. 실제로 그는 중년을 넘어서면서 크고 작은 병에 시달렸다. 그러나 퇴계는 학문적 탐구는 물론이고 농사일 역시 누구보다 중시했다.

예를 들어 장인 권질이 예안에서의 유배생활을 마치고 자신의 처가인 경남 거창군 마리면 영승마을로 내려가서 초당을 짓고는 사위인 퇴계에게 초당의 이름을 지어줄 것을 부탁한 적이 있다. 당시 퇴계는 사락정四樂亭이라는 이름을 지어 보내드렸는데, 사락, 곧 네 가지 즐거움을 뜻하는 '농사짓기' '누에치기' '고기잡이' '땔감하기' 등의 제목을 붙인 시를 함께 동봉했다.

농사짓기

나는 농가의 즐거움을 알고 있네
봄에 밭 갈면 흙 부수는 먼지가 이네
새싹은 단비 뒤에 돋아나고
벼는 늦서리 오기 전에 익어가네
옥玉 같은 쌀은 나라의 조세를 채우고
오지술동이는 마을 사람 잔치에 알맞네

병쥬오리어셔몽져 놀고신너기쇠ᄒᆞᆫ뫼
심양젼의섯게ᄒᆞᆫ쇼 환졀셰예조심ᄒᆞᆫ쇼
츄양이각개오니 새발너ᄒᆞᆫ여마ᄯᅡ리이고
의복어셔유의ᄒᆞᆫ쇼 쥴벗여다듬을졔
월ᄒᆞ의ᄯᅡᆼ츄소리 실가의꿀꿀ᄒᆞᆫ미
쇼티아다밧븐마음 일변은지이로다
쇼지파실ᄒᆞᆫᄒᆞᆫ젹의 호박〻우거지혀놀고
젹츅을싱각ᄒᆞ야 외가지ᄶᅡ게져려
겨울의도벅어보쇼 변화밧조로술려
긔무리아니될가 오다리피엿ᄂᆞᆫ가
각주기도ᄒᆞ려니와 탈월리ᄒᆞ즁츄되려
거두기의달여나니 벽노츄분졀기로다
북두칠ᄎᆞ루도하 션〻ᄒᆞᆫ조셕기운
셔편을사룻치니 츄기가완연ᄒᆞᆫ다
귀도람이ᄲᅡᆯ근소리 아ᄎᆞᆷ의ᄋᆡ기〻고
벽간의낭ᄌᆞᄒᆞ다 잡이변이술나려

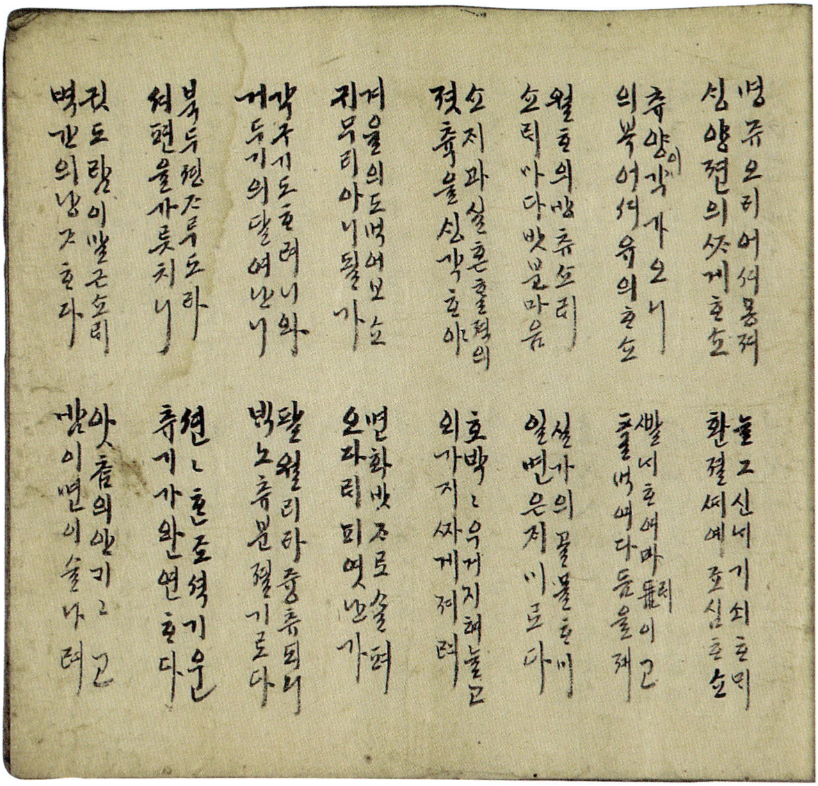

『농가월령가』, 정학유, 23.8×28.0cm, 국립민속박물관. 헌종 때 정학유가 지은 월령체 장편 가사로 당시의 농촌생활을 1월부터 12월까지 노래하고 있다. 특히 7월부터 9월까지는 주로 풍성한 가을걷이, 넉넉함 속에 일어나는 여러 일을 정감 있게 담고 있다. 퇴계 역시 농사짓기의 즐거움을 노래했다.

이렇게 사는 것이 금인金印을 찬 사람이
근심과 걱정으로 세월을 보내는 것과 비교해 어떠한가

누에치기

나는 누에치는 집의 즐거움을 알고 있네
지난해 누에 채반을 고쳐두었네
누에씨 물에 담그는 때가 오면
잠에서 깨어나 어린 뽕잎 따러 가네
온 식구들 따뜻하게 입는 것이 기쁘고
빚도 다 갚았으니 아무런 걱정 없네
이렇게 하는 것이 부귀한 집 여인들이
곱게 차려입고 질투와 근심으로 세월을 보내는 것과 비교해 어떠한가

고기잡이

나는 고기 잡는 집의 즐거움을 알고 있네
사립문 매단 물가의 집에 살고 있네
물새와 고기들의 움직임에 익숙하고
구름과 달, 맑은 물결과 더불어 늙어가네

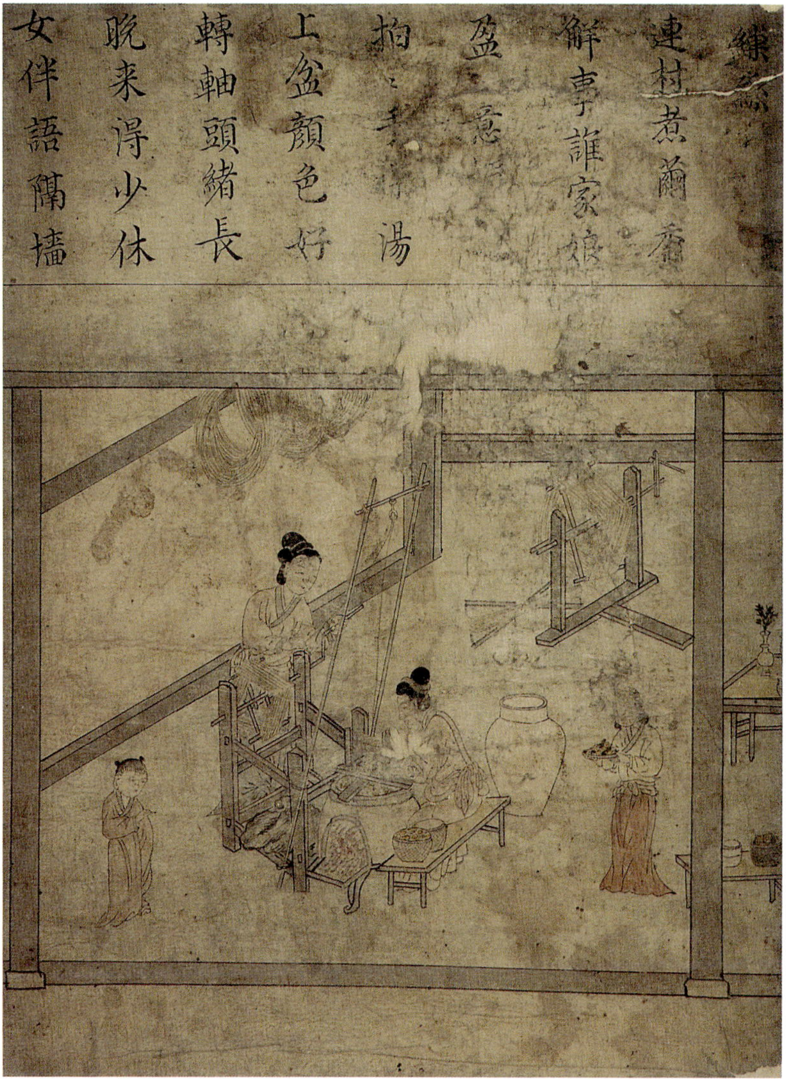

「누숙경직도樓璹耕織圖」, 종이에 엷은 색, 33.6×25.7cm, 18세기, 국립중앙박물관. "촌마다 고치를 삶는 향기/ 일 잘하는 사람은 누구 집 처녀인가……"로 이어지는 내용을 담고 있다.

「어선도」, 조영석, 면에 채색, 31.3×43.4cm, 1733, 국립중앙박물관.

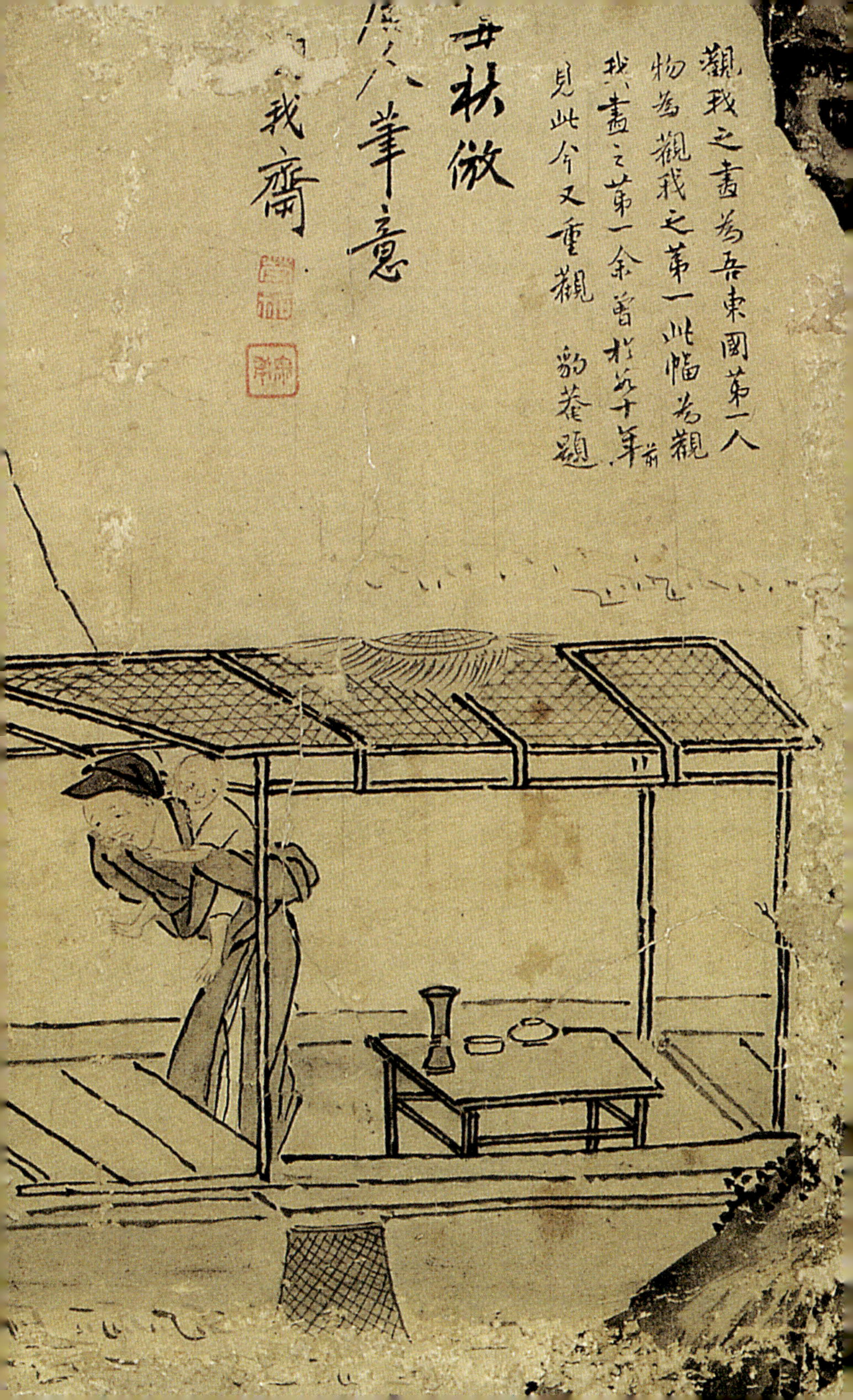
觀我之畫爲吾東國第一人物爲觀我之第一此幅爲觀我畫之第一余嘗於十年前見此今又重觀
豹菴題
林倣
筆意
我齋

시골 술도 나름 맛이 나고
생선 삶는 내음과 시냇가 나물 향기 은은하네
이렇게 사는 것이 한 끼에 만 전萬錢어치 먹는 사람들이
망할 때에 화禍가 헤아릴 수 없는 것과 비교해 어떠한가

땔감하기

나는 나무꾼의 즐거움을 알고 있네
깊은 산중 마을에 살고 있다네
서로를 부르면서 구름 속 멀리 들어갔다가
한 짐 가득 지고 어두워서야 산에서 나오네
동무를 사랑하는 마음은 사슴과 같고
자신의 모습을 잊는 것은 원숭이와 같네
이렇게 사는 것이 명리名利를 꿈꾸던 자가
갑자기 평지풍파 당하는 것과 비교해 어떠한가

농사를 짓고, 누에를 치고, 또 고기를 잡고 땔감을 하면서 살아가는 이들은 평범함을 삶의 큰 즐거움으로 여기는 일반 백성들이다. 이에 퇴계는 비유법을 끌어다가 이들의 삶을 칭송하고 있다. 이를테면 농사꾼의 삶은 금인을 허리에 찬 권력자들에 결코 뒤지지 않고, 또 누에치는 아낙네의 삶은 화려한 옷단장을 한 여인들보다 못할 것이 없으며,

강가에서 고기를 잡는 어부들의 삶은 값비싼 음식을 먹는 이들보다 더 풍족하며, 땔감을 하는 나무꾼들의 삶은 출세를 꿈꾸는 사람들보다 행복하다는 것이다.

이처럼 그가 생각하는 참된 삶이란 권력, 부귀, 명예로 가득 찬 것이 아니라 벼가 익는 즐거움, 식구들에게 따뜻한 옷을 입히는 행복감, 한잔의 술과 생선 안주의 풍족함, 이웃과 마음을 주고받는 따뜻함이 충만한 삶이었던 것이다. 즉 퇴계는 일상의 행복이란 가족과 친족, 나아가 이웃과 조화롭게 사는 데서 비롯된다고 믿었다. 또 이를 위해서는 제가齊家, 곧 집안을 잘 이끌어나가야 했는데, 그 기본은 먹고 입는 것에 있다고 여겼다. 그리고 이를 책임지는 것이야말로 가장家長의 기본 의무라고 생각했던 것이다.

퇴계가 아들 이준에게 보낸 편지에는 집안 살림을 걱정하는 내용이 곳곳에 나타난다. "잇따른 비로 인하여 파종과 기와 굽는 일이 모두 늦춰졌다고 하니 유감스럽고 유감스럽구나." "보리와 밀이 아직 여물지 않았는데, 날이 가물 기미가 있으니 더욱 근심이 되는구나." "밭에 인분을 뿌릴 도구를 전혀 준비하지 않았다고 하니 보리를 키울 일이 어려울 것이므로 어찌하랴." 이처럼 씨앗을 뿌리는 일이나 보리의 품종을 바꾸는 일을 지시하는가 하면, 몸소 배추와 무 종자를 구해서 보내기도 했다. 그 외에도 가족들의 식량 문제, 미역과 소금 등 부산물을 구입하여 비축해두는 일도 직접 관리했다.

퇴계의 이런 모습을 지켜본 제자 조목은 "치산治産에는 세심한 관

「빙천부신氷遷負薪」, 『경교명승첩』, 정선, 비단에 채색, 29.2×23.0cm, 1741, 간송미술관. 백성들이 나뭇짐을 지고 오르는 장면이 묘사되어 있다. 퇴계는 나무꾼의 즐거움도 시로 읊었다.

氷遷負薪

리를 하되, 이를 축적하는 데는 조심했다"고 회고한다. 실제로 퇴계는 "이식利息으로 재산을 불리는 것을 금한다"는 이른바 '금식산禁殖産'을 강조했는데, 지금도 후손들은 이를 경계잠警戒箴으로 삼으면서 철저히 실천하고 있다. 이와 관련된 퇴계의 편지가 전한다.

> 보내온 편지에 월리月利를 붙여주고 돈을 빌려 쓰고 싶다고 했구나. 이식을 내고 돈을 꾸어 쓰려거든, (내게 아니라) 다른 곳을 찾아보게. 어찌 서로가 믿고 맡길 수 없단 말인가. 너무 심하지 않는가. 나에게 어찌 인간의 몹쓸 병인 이利를 취하라고 하는가!

당시 영주에 살고 있던 퇴계의 질서姪壻 민시원閔蓍元(?~1565)[42]이 퇴계에게 이자를 지불하고 돈을 빌리려 하자 이자를 주려거든 차라리 다른 곳을 이용하라는 답장을 보낸다. '견리사의見利思義', 곧 '이利를 보거든 의義인가를 생각해보라'는 말이 있다. 실제로 퇴계는 땅을 사들이고, 물건을 사고팔고, 또 하사품을 처리하는 등 모든 경제생활에서 이는 버리고 의를 취하기 위해 노력을 기울였다. 아울러 가계 경영의 목적은 재산 축적이 아니라 가족들을 부양하기 위함이었다. 그래서 이유 없이 땅을 사들이는 일도 하지 않았는데, 이를테면 토계 상류에 둑을 쌓아 도랑을 치고 논을 만들며 땅을 개간할 때도 무리하게 땅을 구입하지 않았다. 또 제자 김부필金富弼(1516~1577, 호는 후조당後凋堂)이 "서원(역동서원)의 학전學田에서 들어오는 수입이 부족하니 곡식을 저축해서 이식利息을 늘렸으면 합니다"라고 하니, "'이익을 늘린다利息'는 두 글자는 선비가 입에 담을 말이 아니다"라면서 철저히 경계했다는 이야기도 전한다.[43]

퇴계가 아들 이준에게 보낸 편지에 "담백하지 않으면 뜻을 밝힐 수 없고, 마음을 다스리지 못하면 꿈을 이루지 못한다"고 가르친 대목이 있다. 퇴계의 이런 정신은 '농사를 짓고, 누에를 치고, 고기를 잡고, 땔감을 하고 살아가는 이들의 삶을 칭송한 것과 같은 맥락이다. 즉, 질박한 가운데 자신의 뜻을 세우고 탐욕을 멀리하는 마음가짐으로 꿈을 이루어간다는 것이다. 아울러 그 뜻과 꿈이란 부귀영화, 출세와 명리가 아니라 사람됨을 갖추고 살아가는 삶을 가리킨다. 그래서 비록 허리춤에 금인을 차지 않더라도, 한 끼에 만 전이나 되는 식사를 하지 않더라도, 또 화려한 옷으로 치장을 하지 않더라도 제각기 행복을 느낄 수 있다는 것이 퇴계의 생각이었다.

향촌의 질서를 바로잡다

조선시대의 향촌생활은 치국治國을 위한 일종의 시험장이었다. 퇴계 역시 단양군수로 재직할 당시 고을 사람들의 삶을 일일이 돌보는 수고를 마다하지 않았는데, 이와 더불어 자신이 살고 있던 지역 예안에도 커다란 관심을 갖고 있었다.

퇴계는 1548년 1월에 단양군수로 부임했으나, 10월 넷째 형님인 이해가 충청도 관찰사에 임명되었던 까닭에 상피相避[44]하여 11월에 풍기군수로 자리를 옮겼다. 그러고는 이듬해 1549년 9월에는 병을 이유로 사직서를 제출하고 회답도 기다리지 않은 채 11월 고향인 예안으로 돌아왔다. 그리하여 1550년 도산 상류 계곡에 한서암寒棲庵을 세우고 문인들을 받아들였으며, 이듬해 1551년에는 계상서당溪上書堂을 지어 본격적인 서당 교육을 시작했다. 그러나 1552년 4월 홍문관 교리로 부름을 받아 서울로 갔고, 7월에는 성균관 대사성에 임명되었으나 12월에 병으로 물러났다. 이후 수차례에 걸쳐 임명과 사직을 거듭했다.

퇴계의 칠십 평생 가운데 과거시험을 통해 벼슬길에 오르기 전인 이른바 출사 전의 기간은 33년이고, 출사 후는 37년이다. 또 37년 중에서도 실제로 벼슬길에 올랐던 것은 14년 10개월쯤 되는데, 9년 동안은 연중 근무를 했으며 나머지 5년 10개월은 일시적인 근무를 했다. 출사 후의 37년 중 23년 2개월 이상을 향촌에서 생활한 셈이다.

퇴계가 고향으로 돌아가기를 간절히 원했던 데에는 학문에 전념하고자 했던 이유도 있었지만, 평소 그가 마음에 품었던 애민愛民정신과 우환의식憂患意識 때문이었다. 당시 퇴계의 눈에 비친 향촌사회는 전통적인 의리가 붕괴하고 유생들은 참다운 학문이 아니라 오직 과거시험에만 매달리는 그야말로 무질서한 세계였다. 이에 그는 인심人心과

계상서당(아래쪽)과 한서암.

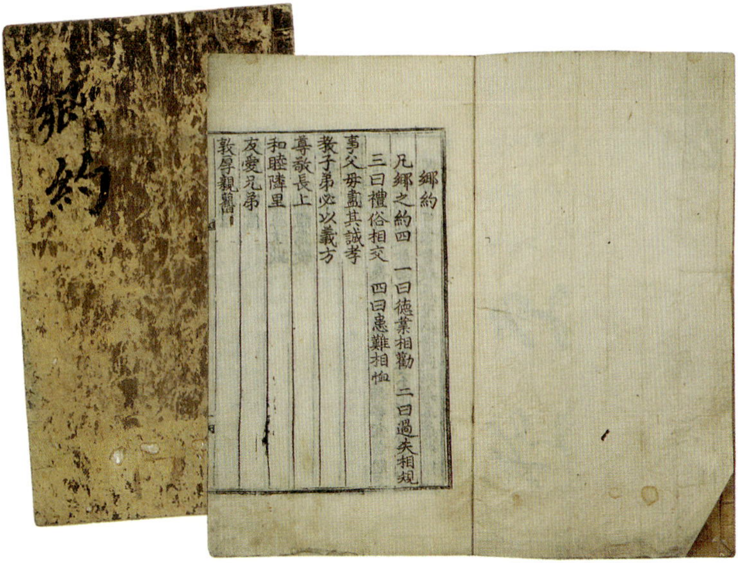

『예안향약』, 22.0×33.0cm, 조선 후기, 도산서원운영위원회 기탁, 유교문화박물관.

도심道心을 회복하는 것을 노년의 과제로 삼았다. 그리하여 1556년 12월 「예안향립약조禮安鄕立約條」를 마련했는데, 통칭 '예안향약'이라고 한다. 퇴계는 서문序文에서 그 배경을 밝히고 있다.

> 옛날 향대부鄕大夫의 책무는 덕행과 도예道藝로 백성을 인도하고 따르지 않는 자는 형벌로써 제재하는 것이었다. 선비된 자는 반드시 집에서 가다듬어 고을에서 드러난 뒤에라야 비로소 나라에 등용되니, 이는 어째서인가? 효제와 충신은 사람 도리의 근본이요, 집과 향당(향촌)은 그것을 행하는 곳이기 때문이다. 선왕先王의 가

르침은 이것(효제충신)을 중히 여기기 때문에 그 법을 세워서 다스려왔다. 훗날 법제는 비록 폐지되었으나 사람으로서 지켜야 할 도리는 그대로 남아 있으니, 어찌 마땅함을 권하고 징계하지 않겠는가. 지금의 유향소留鄕所[45]는 옛날 경대부가 마련한 제도다. 적절한 인재를 얻으면 고을이 화평해지고, 적절한 사람이 없으면 온 고을이 붕괴된다. 더욱이 시골은 '왕의 교화王靈'가 미치기 어려운 까닭에 미워하는 자들이 서로 공격하고, 강하고 약한 자들이 서로 겨루고 있으니 혹시라도 효제충신의 도가 저지되어 행해지지 못하면 예의를 버리고 염치가 없어지는 것이 날로 심해져서 점점 이적이나 금수의 세계로 돌아갈 것이니, 이것이 실로 왕정의 큰 근심거리인데, 이를 규탄하고 바로잡는 책임이 이제 유향소로 돌아오니, 아아! 그 또한 중하다.

우리 고을은 비록 땅은 좁으나 본래 문헌文獻의 고을로 이름이 났고 유현儒賢이 많이 배출되어 왕조에 빛나는 인물이 대대로 자취를 이어갔으므로 보고 느끼고 배우고 본받아 고을의 풍속이 매우 아름답더니, 근년에는 운수가 좋지 못하여 높은 덕을 가진 존경받는 분들이 잇달아 돌아가셨다. 그러나 유구한 가문의 법도가 아직 전하고 있어 문의文義가 높고 성하니, 이를 서로 배워서 착한 나라가 되는 것이 어찌 가능하지 않겠는가. 그런데 인심이 고르지 않고 습속이 점점 그릇되어 맑은 향기는 간데없고 나쁜 기운이 돋아나니, 지금 막지 않으면 그 끝이 장차 이르지 않을 바가 없을 것이다.

「효자도-최누백이 호랑이를 잡다」, 국립중앙박물관. 고려의 최누백이 아버지를 물어 죽인 호랑이를 죽인 이야기를 그린 것으로 효를 중히 여긴 조선에서 널리 알려졌다.

그러므로 숭정대부 지중추부사 농암聾巖 이현보李賢輔(1467~1555) 선생이 이를 걱정하여 일찍이 약조를 세워 풍속을 바로잡고자 했으나 미처 이루지 못했는데, 지금 선생의 아들들이 경내境內에서 거상居喪하고 있고 나 역시 병으로 전원에 돌아와 있는데, 고을 어른 모두 우리에게 속히 선생의 뜻을 이루라고 당부하는 마음이 매우 지극했다. 거듭 사양했으나 받아들여지지 않아 이에 서로 함께 의논하여 선생의 요지를 살핀 다음 문장을 만들어서 고을 사람들에게 두루 보이고 가부可否를 물은 뒤에 비로소 정했으니, 영원토록 행하여도 폐단이 없을 것이다.

혹은 이르기를 "먼저 가르침을 세우지 않고 다만 형벌을 사용하는 것은 의심된다"고 하니, 그 말이 진실로 그럴듯하다. 그러나 효제와 충신은 사람의 타고난 성품에 근본해 있으며, 더구나 나라에서 상庠과 서序를 베풀어 가르침을 권하고 있으니, 어찌 우리가 지금 특별한 조목을 세우겠는가. 맹자가 말하기를 "도道가 가까운 데 있음에도 먼 데서 구하고, 일이 쉬움에도 어려운 데서 구하도다. 사람마다 부모를 사랑하고 그 어른을 존대하면 천하가 편안해진다"고 했으니, 이것은 공자의 지덕至德이며 요도要道요, 선왕의 인심을 선량하게 하는 것이다.

이제부터 우리 고을의 모든 선비가 성명性命의 이理에 바탕하여 국가의 가르침을 본받아 집에 있어서나 고을에 있어서나 각기 사람의 도리를 다하면, 곧 이것은 나라의 '좋은 선비吉士'가 되어서

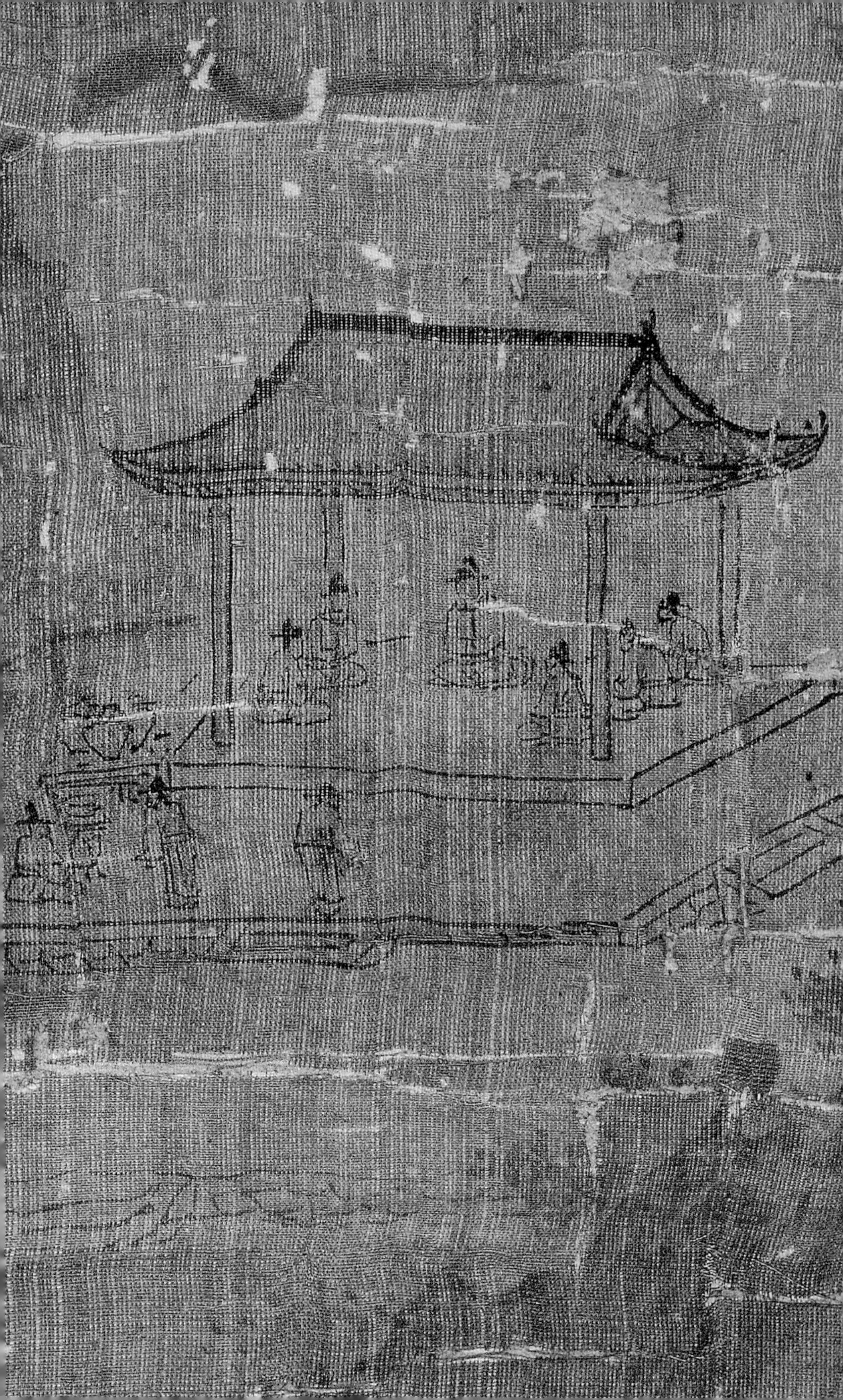

상부상조할 것이니, 오직 특별한 조목을 세워 권할 것이 아닐 뿐 아니라 형벌로 다스릴 필요도 없을 것이다. 만약 이런 사실을 알지 못하고 예의를 침범하여 우리 고을의 풍속을 허물면 이는 바로 하늘이 버린 백성이니 아무리 형벌을 내리지 않고자 한들 그렇게 되겠는가. 이것이야말로 오늘날 약조를 세우지 않을 수 없는 이유다.

퇴계가 생존했던 당시는 각종 사화(1504년 갑자사화, 1519년 기묘사화, 1545년 을사사화)를 비롯하여 중종반정 등을 겪으면서 정치적으로 매우 혼란한 시기였다. 이로 인해 사회 부조리가 만연하고 민심 또한 어수선했다. 퇴계가 향약을 마련해 민심을 교화시키고자 한 것도 이런 시대적 배경 때문이었다.

「예안향약」은 퇴계가 고향 선배인 농암 이현보의 뜻을 받들어 그가 사망한 이듬해인 1556년 향내의 선비들과 힘을 모아 완성한 것으로, 서문과 본문으로 이루어져 있다. 서문에는 향약을 마련하게 된 배경을 적었고, 본문은 이에 따라 극벌極罰, 중벌中罰, 하벌下罰 등 33개조個條로 구성되어 있다.

「은대계회도銀臺契會圖」, 99.8×60.0, 보물 제1202호, 1534, 영천 이씨 농암종택 기탁, 유교문화박물관. 이현보가 승정원 동료들과 가진 계회를 기록한 그림이다.

극벌極罰(상·중·하)

· 부모에게 순종하지 않는 자(불효한 죄는 나라에서 정한 형벌이 있으므로 그다음 죄만 적용했다)

· 형제가 서로 다투는 자(형이 잘못하고 아우가 옳으면 균등하게 벌하고, 형이 옳고 아우가 잘못했으면 아우만 벌하며, 잘못과 옳음이 서로 비슷하면 형은 가볍고 아우는 중하게 처벌한다)

· 가도家道를 어지럽히는 자(부부가 서로 때리고 싸우는 일, 본처를 쫓아내는 일, 아내가 사납게 거역한 경우는 죄를 감등한다. 남녀 분별이 없는 일, 처와 첩을 서로 바꾼 일, 첩으로 처를 삼은 일, '서자孽'로 적자嫡子를 삼은 일, 적자가 서자를 감싸주지 않는 일, 서자가 적자를 능멸하는 일)

· 관청의 일에 사사로이 간섭하고 향리의 풍속을 해치는 자

· 함부로 위세를 부려 관청을 어지럽히고 사욕私慾을 채우려는 자

· '고을의 어른鄕長'을 능욕하는 자

· 수절하는 과부를 유인하여 더럽히는 자

중벌中罰(상·중·하)

· 친척과 화목하지 않는 자

· 본처를 박대하는 자(처에게 죄가 있는 경우는 죄를 감등한다)

· 이웃과 화합하지 않는 자

· 동무들과 서로 치고 싸우는 자

· 염치를 가리지 않고 사풍士風을 허물고 어지럽히는 자

· 강함을 믿고 약한 자를 능멸하고 침탈하여 다투는 자

· 무리를 만들어 횡포를 부리는 자

· 공사公私 모임에서 관정官政을 비방하는 자

· 헛소문을 퍼뜨리고 거짓으로 사람을 곤란에 빠뜨리는 자

· 환란患亂을 보고 힘이 미치는데도 돕지 않는 자

· 관리가 공무를 빙자하여 피해를 끼치는 자

· 혼인과 상제喪祭에 대해 아무런 이유 없이 시기를 넘기는 자

· 좌수座首를 업신여기며 향령鄕令을 따르지 않는 자

· 향론鄕論에 복종하지 않고 도리어 원망을 품는 자

· 좌수가 사욕으로 향안鄕案에 들인 자

· 구관舊官을 전송하는 데 이유 없이 참석하지 않는 자

하벌下罰(상·중·하)

· 공회公會에 지각하는 자

· 예의를 갖추지 않고 문란하게 앉아 있는 자

· 좌중에서 떠들썩하게 다투는 자

· 자리를 비우고 아무 곳에나 앉는 자

· 이유 없이 먼저 나가는 자

· 원악향리元惡鄕吏(지위를 이용하여 악행을 저지르는 향리)

· 아전으로서 민가에 폐를 끼치는 자

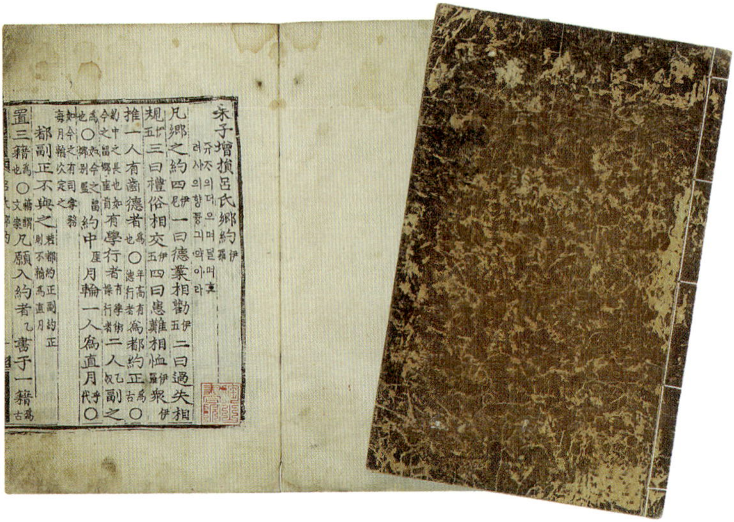

『여씨향약』, 22.0×33.0cm, 조선 후기, 도산서원운영위원회 기탁, 유교문화박물관.

· 공물貢物을 지나치게 징수하는 자

· 서인庶人이 사족을 능멸하는 자

1556년에 제정된 「예안향약」은 우리나라 최초의 것으로, 이어서 율곡 이이가 제정한 1560년의 「파주향약坡州鄕約」과 1571년의 「서원향약西原鄕約」 등이 만들어졌다. 「예안향약」의 특징은 중국에서 유래된 「여씨향약」의 형식 곧 덕업상권, 과실상규, 예속상교, 환난상휼이라는 네 가지 항목을 모방하지 않고 독창적인 체제로 구성되어 있다는 점이다.

또 「여씨향약」은 상권相勸, 상규相規, 상교相交, 상휼相恤과 같이 선행의 실천에 대한 지향성을 목적으로 하는 이른바 권선인도勸善引導를 위한 규범인 데 반해, 「예안향약」은 악행만을 열거하여 그에 대한 벌을 규정해두었다는 것이 특징적이다. 이에 대해 퇴계는 "권도勸導의 방법은 국가가 제정하여 가르치고 있으므로 별도로 마련할 필요가 없다"고 서문에서 밝히고 있다. 이런 점에서 「예안향약」은 「여씨향약」의 과실상규의 항목에 해당되는 셈이다. 아울러 「예안향약」의 총 33조목에 걸친 악행 중에서 「여씨향약」의 과실상규의 내용과 일치하거나 유사한 대목은 10여 개에 불과하다는 점도 주목할 만하다. 그만큼 「예안향약」은 우리 풍토에 맞는 현실적인 내용을 담고 있는 것이다.

퇴계는 평소 거경居敬과 신독愼獨을 생활 규범으로 삼아왔다. 이것의 일차적인 목적은 스스로의 몸과 마음을 다스리는 데 있지만, 퇴계가 지향했던 궁극적인 목적은 향촌사회에서 모범적인 모습을 보임으로써 어지러워진 풍토를 바로잡는다는 것이었다. 이와 관련해서 다음의 이야기가 전한다.[46] 퇴계는 부역이나 세금을 일반 백성들보다 한발 앞서서 냈으며, 이를 체납한 적이 한 번도 없었다. 당시의 관행으로는 벼슬을 지낸 집안일수록 세금을 낼 때 늑장부리기 일쑤였는데, 퇴계가 향내에서 가장 먼저 납부하는 까닭에 아전들조차 그가 높은 벼슬에 올랐던 사실을 알지 못했다. 실제로 1563년 곽황郭趪(1530~?)이 예안현감으로 부임했을 때 다음과 같은 말을 한 적이 있다.

나는 이 고을의 조세나 공부貢賦에 대해서는 아무런 걱정이 없다.

이 선생(퇴계)이 남들보다 앞장서서 납부하니 마을의 백성들이 선생의 의리가 두려워서 앞 다투어 스스로 와서 내되, 오히려 남보다 늦을까 걱정한다. 한 번도 독려하지 않아도 전혀 흠포欠逋(관청의 물건을 사사로이 사용하는 일)가 없다. 그러니 내가 무엇을 걱정하겠는가?

퇴계가 솔선수범한 덕분에 백성들이 서로 뒤지려 하지 않고 세금을 납부하고 있다는 이야기인데, 이것이야말로 퇴계가 추구했던 선비로서의 기본 책무였던 것이다. 그런데 사실 퇴계는 이보다 앞서 1547년에 「온계친계溫溪親契」라는 이른바 친족 간의 족계族契를 만들어 시행(1554)한 적이 있었다. 집안사람들은 혼인과 같은 길사吉事에는 쌀 5되와 닭이나 꿩 중 한 마리를 서로 부조하고, 상례에는 쌀과 콩을 각각 5되, 상지常紙(종이) 한 권을 부조하며, 봄가을로 답청踏靑(소풍)을 하고, 가을에는 강회講會를 개최하는 등의 내용을 명시해둔 간략한 규약이다. 다만 여기에는 벌칙이 없고 지켜야 할 의무 사항만을 제시하고 있는 점이 「예안향약」과 다르다.

퇴계는 「예안향약」 서문에서 "향대부는 덕행과 도예로써 백성을 인도할 책무를 지니고 있으며, 이를 수행하기 위해서는 집에서 가다듬어 고을에서 드러내야 한다"고 강조했듯이, 실제로 족계를 만들어서 집안사람들을 먼저 단속한 뒤에 고을의 풍속을 바로잡기 위해 향약을 제정했던 것이다. 퇴계의 이런 교화 방법은 엄격한 규율을 세워 사람들을 강제로 구속하는 것이 아니라 앞서 행하는 모습을 보임으로써 백성들이 스스로 실천하도록 유도하는 이른바 자율적인 교육 방식이었다. 『퇴계선생 언행록』에 다음의 이야기가 전한다.[47]

> 내가 오랫동안 안동에 머물러 있었는데, 그때 보니 사람들은 비록 비천할지라도 반드시 퇴계 선생을 일컬으면서 마음으로 존숭하고 흠앙했으며, 시골 사람들은 비록 문하에 출입하는 자가 아니더라도 흠모하면서 감히 함부로 하지 못했다. 혹시 잘못을 저지르기라도 하면 퇴계 선생이 알까봐 두려워했다. 그분의 교화가 사람들에게 미침이 이와 같았다.

신분이 비천하여 퇴계를 직접 만난 적이 없는 사람들조차 잘못을 저지르면 그에게 알려지는 것을 두려워할 정도였다고 하니, 가히 퇴계의 영향력을 짐작할 수 있다. 그야말로 퇴계는 모든 이들의 귀감龜鑑, 곧 롤 모델이었다. 퇴계에 대한 이러한 존숭심은 스스로를 먼저 다스리고 다른 사람을 일깨운다는 그의 교육철학에 기인한 것으로, 이는 곧 수신-제가-치국으로 확장되는 유교적 가르침이기도 했다.

귀천을 가리지 않고 존중하다

신분제 사회였던 조선시대의 향촌에는 양반, 중인中人, 상민常民이 더불어 살고 있었는데, 이들 간의 행동 규칙은 매우 엄격히 구분됐다. 지금이야 상상조차 하기 어렵지만, 계층별로 사는 집과 입는 옷이 달랐으며 이들을 부르는 호칭 또한 구별되었다. 그런가 하면 이런 규칙을 어기는 자는 철저히 응징되었다.

퇴계는 상대가 누구이든 간에 차별을 두지 않고 예禮로써 응대했다. 예를 들어 "가문의 지체가 미천한 자가 윗자리에 있는 것은 실로 소牛 엉덩이가 되는 것처럼 수치스러운 일입니다" 하는 어떤 이의 말에 "마을에서 귀히 여기는 것은 나이다. 비록 아랫자리에 있다 한들 예禮나 의리에 무슨 문제가 있겠는가!"라고 응대했듯이,[48] 신분의 귀천에 따라 사람을 구별하지 않았다. 뿐만 아니다. 제자들은 "아무리 지체가 낮고 어린 자라도 소홀히 대접하지 않았다" "문하의 제자들을 대하기를 마치 붕우朋友를 대하듯 했으며 비록 젊은이라도 '너'라고 호칭하지 않았다. 맞이하고 보낼 때는 예를 갖춰서 공경함을 다했으며 자리에 앉아서는 반드시 먼저 부형의 안부를 물었다"[49]면서 스승을 기억하고 있다.

「유이시성도儒以試誠圖」, 김덕성, 종이에 엷은 색, 103.0×46.0cm, 18세기, 한양대박물관. 유생이 시종을 거느리고 앉아 있는 모습을 그린 것이다. 조선시대에는 신분제가 매우 엄격했는데, 그러나 퇴계는 격식 없이 누구든 예로써 대했다.

남의 자식을 죽여서 내 자식을 살리는 것은 옳지 못하다

"남의 자식을 죽여서 자기 자식을 살리는 것은 옳지 못하다殺人子以活己子甚不可"라는 문구는 『근사록』에 나오는 것으로, 퇴계가 손자 이안도에게 충고한 말이다.

퇴계는 허씨 부인과의 사이에 이준과 이채 형제를 두었으나, 둘째 아들 이채가 혼인을 하고 후손을 두지 못한 채 세상을 뜨는 바람에 장남 이준으로부터만 손자 셋과 손녀 둘을 얻었다. 맏손자가 이안도이고, 둘째가 이순도李純道(1554~1584), 셋째가 이영도李詠道(1559~1637, 호는 동암東巖)였다. 맏손녀는 영주에 살고 있던 고령 박씨 박려朴欐(1551~1592, 호는 물재勿齋)에게, 둘째 손녀는 안동 내앞의 의성 김씨 김용金涌(1557~1620, 호는 운천雲川)에게 출가했다.

맏손자 이안도는 아버지 이준과 어머니 봉화 금씨 사이에서 퇴계 이황이 41세 되던 해에 태어났다. 어려서부터 두뇌가 명석해 퇴계가 각별한 관심과 사랑을 쏟았다. 다섯 살 때 처음으로 글을 읽자 퇴계가 『천자문』을 손수 써서 가르쳤으며, 8세에는 퇴계로부터 『효경』을 배웠다. 15세 되던 해에 관례를 치렀는데, 이때 퇴계는 자신이 지어준 아몽阿蒙이라는 아명 대신 안도安道라는 이름을 새로 지어주었다. 이후 20세에 안동부사 권소權紹의 딸과 혼인했으며, 이듬해 21세에 소과(생원시)에 합격했다. 26세에는 문과 초시(1차 시험)에 합격하고, 30세 되던 해에 퇴계의 상喪을 당했다.

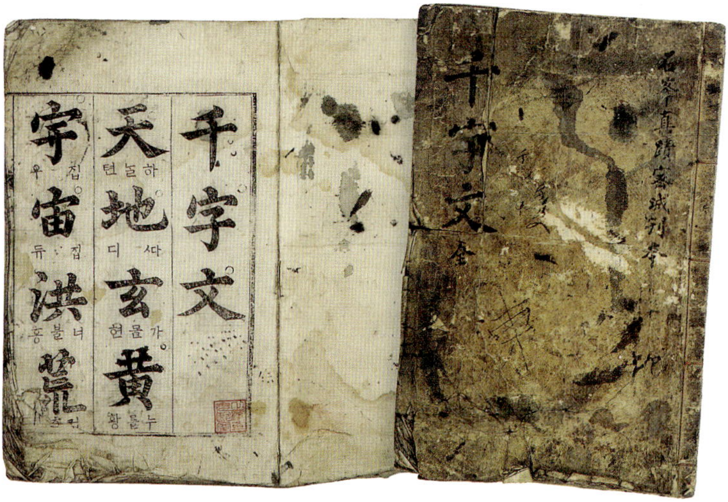

『천자문』, 26.4×39.3, 조선 후기, 진성 이씨 상계종택 기탁, 유교문화박물관.

퇴계는 맏손자 이안도를 무척이나 아꼈다. 아낀 만큼 교육도 철저히 시켰다. 주로 편지를 통해서였다. 맏손자에게 생애 총 153통의 편지를 보냈는데, 주로 퇴계가 55세(안도 15세)로 접어들면서 시작되어 70세(안도 30세)로 생을 마감할 때까지 16년 동안 이루어졌다. 당시 퇴계는 토계의 상계마을에 살고 있었고, 손자는 서울과 봉화 등지에 머물고 있었다. 퇴계는 이들 편지에서 일상의 소소한 안부를 묻고 전하는가 하면, 공부에 임하는 자세나 선비가 갖춰야 할 기본 덕목 등을 세세하게 일러주었다.

한번은 이런 일이 있었다. 1568년 3월 퇴계는 증손자(이창양李昌陽)

를 보았다. 창양은 함경도 덕원에서 태어났다. 당시 이안도는 서울 성균관에 유학하고 있었으나, 장인 권소가 덕원부사에 부임해 있었기 때문에 부인 안동 권씨가 친정에서 출산하기 위해 그곳에 머물고 있었던 것이다. 퇴계는 증손자가 태어났다는 소식을 전해 듣고는 기쁨을 감추지 못했다. 당시 퇴계가 이안도에게 보낸 편지 내용이다.[50]

> 네 아내가 아들을 낳았다니 집안의 경사가 이보다 더 큰 것이 없겠다. 이루 말할 수 없을 정도로 기쁘다. 네 아버지의 편지에서는 네 아내가 처음에는 몸이 조금 아프다가 지금은 거의 나아간다고 하였더구나. 어찌되었느냐? 그 일이 참으로 걱정된다.
>
> 추신: 태어난 아이의 이름은 하나는 '수경壽慶'으로 지었고, 다른 하나는 양陽의 기운이 한창 성할 때 태어났기 때문에 '창양昌陽'으로 지었다. 너희 부자가 의논해서 이 둘 중에 더 좋은 것으로 정하거라.

증손자가 태어났을 때 퇴계는 토계리 상계마을에 있었다. 20세에 혼인한 이안도는 딸만 둘을 두고 있다가 28세에 이르러 마침내 아들을 낳았다. 그러했기에 퇴계 집안의 기쁨은 이루 말할 수 없었을 것이다. 이에 퇴계는 증손자의 이름을 손수 지어서 보냈으며 마침내 창양으로 정해졌다. 퇴계는 증손자를 '창아昌兒'라고 즐겨 불렀다.

창양은 태어날 때부터 몸이 허약했던 듯하다. 퇴계가 손자 이안도에게 보낸 편지를 보면 창양의 병을 염려하는 내용이 곳곳에 드러나 있다.[51] 실제로 창양이 태어난 이듬해인 1569년 6월 15일 "창아는 어떠하냐? 참으로 걱정된다"면서 증손자의 건강을 염려하는가 하면, 7월 9일에는 "창양이 설사병을 앓고 난 뒤로 몹시 야위었다고 하더구나. 지금은 다소 충실해졌으리라 생각되지만 오래도록 소식을 듣지 못해 몹시 걱정된다"는 편지를 보냈다. 또 얼마 지나지 않아 7월 22일에는 "창아는 이미 평상으로 회복되었겠구나"라면서 기뻐하고, 7월 30일에도 "창아가 병이 나아서 좋아졌다니 기쁘다"는 내용의 편지를 썼다. 그러나 같은 해 11월 20일에 퇴계가 쓴 편지에는 창양의 병이 악화되었다는 내용이 적혀 있다.

> 창아는 영양실조로 병이 났다고 하더니 요즈음은 어떠냐? 젖을 먹일 여종은 옷가지와 짐도 마련해주지 않은 채 그대로 걸려서 보낼 수 없는 데다 모든 여건이 어려워서 이제야 보낸다. 창아의 병이 몹시 심해져서 충실하게 자라지 못할까 걱정된다. 일이 이렇게 될 것이었다면 왜 미리 알려주지 않고 이제 와서 갑자기 그런 위급 상황을 알려온단 말이냐. 그리고 부모가 젖을 먹일 여종을 속히 보내주지 않아서 한恨이 된다고 한 것은 어찌된 말이냐. 요사이 네 부모는 이 일 때문에 몹시 속을 태우고 있는데, 너는 이것을 알기나 하느냐.

경북 안동 도산면 토계리에 있는 퇴계종택. 지금의 가옥은 퇴계의 13대 후손인 하정공霞汀公 이충호가 1926~1929년에 새로 지은 것이다.

증손자를 본 기쁨이 채 가시기도 전에 증조부 퇴계는 노심초사 마음을 졸였다. 당시 손부孫婦 권씨 부인은 창양을 출산하고 나서 6개월 만에 또다시 아이를 가졌다. 그런데 어찌된 영문인지 권씨 부인이 임신을 하면서 젖이 끊기는 바람에 창양에게 젖을 충분히 먹일 수 없었다. 아마도 그래서 젖이 모자란 창양에게 미음 등을 먹였을 것이고, 이로 인해 설사병과 영양실조 등 잦은 병치레를 했던 듯하다. 그러던 중 권씨 부인은 딸을 출산하는데, 이때에도 젖이 모자라서 애를 먹는다.

> 또 딸을 낳아서 아쉽다만, 창아가 회복되었다니 몹시 기쁘다. 그러나 네 아버지의 편지에서는 네 아내가 출산 후에 건강이 좋지 않다고 하던데, 네 편지에서는 왜 이런 말을 하지 않은 것이냐. 일시적으로 생긴 작은 병이냐? 지금은 어떤지 알 수 없어 멀리서 몹시 걱정된다.
>
> 새로 태어난 아이가 젖이 부족하다니 참으로 걱정이다. 창아는 지금 세 살이니 젖을 먹이지 않아도 될 것이다. 다른 집의 보통 아이들처럼 미음이나 부드러운 음식을 먹여서 키우더라도 뭐 안 될 것이 있겠느냐.

1570년 1월에 퇴계가 손자에게 보낸 편지다.[52] 아마도 권씨 부인의 건강 상태가 좋지 않았는지, 이번에도 젖이 나오지 않아 태어난 갓난아기에게 제대로 먹이지 못한다는 내용이다. 그러던 중 3월 퇴계는

출산한 지 얼마 되지 않은 여종을 보내달라고 요청하는 손자를 꾸짖는 편지를 보낸다.[53]

> 창아가 다시 영양실조로 병이 났다고 했더구나. 지금은 어떤지 알 수 없어 몹시 걱정된다. 아이들이 동생을 보면 으레 젖을 얻어먹을 수 없게 되어 모두 죽을 먹여 키우게 마련이다. 어찌 꼭 유모가 있어야 살릴 수 있다고 하는 것이냐. 이 아이의 병은 젖을 얻어먹지 못해서 생긴 것만은 아닐 것이다. 그렇다면 젖을 먹인다고 해서 꼭 회복될 수 있는 것도 아닐 것이다. 그래서 날마다 회복되었다는 소식을 기다리고 있었다만, 요사이 그 소식을 들을 수가 없으니 안타깝구나.
> 여종 학덕이를 보내지 않으려고 하는 것은 아니다. 생후 몇 개월밖에 되지 않은 자기 아이를 버려두고 올라가게 할 수는 없는 것이 아니냐. 그렇다고 데려가게 할 수도 없고, 더욱이 학덕이는 병으로 젖이 부족해서 자기 아이도 제대로 키우지 못할 형편이라고 하더구나. 이 때문에 몹시 곤란해서 이러지도 저러지도 못하고 있는 것이다.

손자 이안도는 창양의 병이 깊어지자 젖을 먹일 유모를 보내줄 것을 청했고, 퇴계는 출산한 지 얼마 되지 않은 여종 학덕이를 아기만 내버려둔 채 보낼 수 없다는 답장을 보낸다. 증손자가 태어나자 누구보다

기뻐했던 퇴계였지만, 사사로운 감정에 치우치지 않고 옳고 그름을 따지는 모습이 새삼 놀라울 따름이다. 그러나 퇴계의 충고에도 불구하고 학덕이는 서울로 가게 되었다.

> 듣자 하니 젖을 먹일 여종 학덕이가 태어난 지 서너 달 된 자기 아이를 버려두고 서울로 올라가야 한다고 하더구나. 이는 학덕의 아이를 죽이는 것과 다름이 없다. 『근사록』에서는 이러한 일을 두고 말하기를 "남의 자식을 죽여서 자기 자식을 살리는 것은 매우 옳지 못하다"고 했다. 지금 네가 하는 일이 이와 같으니, 어쩌면 좋으냐. 서울 집에도 젖을 먹일 여종이 반드시 있을 것이니, 대여섯 달 동안 함께 키우게 하다가 8~9월이 되기를 기다려 올려 보낸다면, 이 여종의 아이도 죽을 먹여서 키울 수 있을 것이다. 이렇게 한다면 두 아이를 모두 살릴 수 있을 것이니, 매우 좋은 일이 아니겠느냐. 만약 그렇게 할 수 없어서 꼭 지금 서울로 올려 보내야 한다면, 차라리 자기 아이를 데리고 올라가서 두 아이를 함께 키우게 하는 것이 나을 것이다. 자기 아이를 버려두고 가게 하는 것은 사람으로서 차마 못 할 노릇이니, 아주 잘못된 일이다. 비 때문에 직접 만나 의논할 수 없어서 미리 알리는 것이니, 다시 생각해보도록 하여라.

같은 해 4월 5일 퇴계가 보낸 편지다.[54] 당시 이안도는 아들 창양

『근사록』, 36.5×24.0cm, 16세기, 국립대구박물관. "남의 자식을 죽여서 자기 자식을 살리는 것은 옳지 못하다"라는 문구가 있다.

이 아팠지만 어머니 봉화 금씨의 병환 때문에 서울에 가족을 둔 채 혼자 아버지 이준의 부임지인 봉화로 내려와 있었다. 그러던 중 서울에 있는 창양의 병이 날로 깊어지고 있다는 소식을 전해 듣고 조부의 만류에도 불구하고 유모를 서울로 보내려고 했던 것이다.

이처럼 조부 퇴계의 강경한 반대로 결국 여종 학덕이는 서울로 가지 않았고, 창양은 영양실조 등에 시달리다가 두 돌을 갓 넘기고 5월 23일에 사망한다. 퇴계는 증손자 창양의 죽음을 이안도의 장인에게서 전해 들었다. 그러고는 애통함에 빠져 있을 손자 이안도에게 편지를 쓴다.[55]

지금 네 장인의 편지를 받아보니 창아가 병을 앓던 과정을 소상히 적어놓았더구나. 마치 눈으로 직접 보는 듯해서 무척 가슴 아프다. 의원과 약으로도 치료할 수 없었다면 실로 천명이라 해야 할 것이다. 어찌하겠느냐. 아무쪼록 너는 이렇게 생각하고 마음을 편안히 가지거라. 다만 네 아내가 다른 곳으로 가 있기도 몹시 어려운 상황에 너무나 애통해하다가 큰 병이나 나지 않을까 그것이 몹시 걱정된다. 네가 당연히 올라가보아야 했겠지만, 종과 말을 갑자기 마련할 수 없어서 올라갈 수 없었으니, 우선 젖을 먹일 여종이라도 급히 보내려고 했던 것은 어쩔 수 없어서 그렇게 한 일이겠구나. 그러나 그 젖을 먹일 여종이 자기 아이를 버려두고 올라가게 하는 것은 사람으로 차마 못 할 노릇이다. 또 여러 날 젖을 먹이지 않으면 올라가는 도중에 젖이 나오지 않을 수도 있다고 하니, 괜히 올라갔다가 그냥 돌아오게 되지 않겠느냐? 너라면 어떻게 처리하겠느냐? 도산서당에 모인 제생諸生들이 아직도 가지 않고 기다리고 있다니 지극히 미안하다. 지금 나가보아야 하겠지만, 서울에서 온 편지의 답장을 써야 하는 등 처리할 일이 있어서 내일 나가보려고 한다. 그러니 너는 속히 이곳으로 와야 하겠다.

증손자가 태어났을 때 "우리 집 경사 중에서 이보다 더할 경사는 없다"면서 기쁨을 감추지 못하고 손수 이름까지 지어주었던 퇴계였는데, 그런 증손자의 얼굴도 보지 못한 채 사망 소식을 들었으니 그야말로 참담한 심정이 아니었을까? 그런데 퇴계의 반대로 여종 학덕이가 서울로 가지 못하고 공교롭게도 증손자가 죽고 말았으니, 퇴계로서는 여종을 보내달라는 손자의 요청을 들어주지 못한 데에 대한 미안함이 가득했을 것이다. 그래서 창양의 병이 심각해졌음에도 불구하고 아들을 보러 가지 못한 이안도의 심정을 다독여주고, 또 그런 상황에서 젖을 먹일 여종을 서울로 보내고자 했던 것은 지극히 당연한 결정이라고 위로해주었다. 그러고는 당시 자신이 학덕이를 서울로 보내지 않은 이유에 대해서 다시금 설명하면서 슬픔에 젖어 있는 손자의 이해를 구했다.

퇴계는 말년에 증손자를 잃은 일을 가장 큰 슬픔으로 여겼다. 가족들에게는 전혀 내색하지 않았지만, 질서姪壻 민시원閔著元과 문인 기대승奇大升(1527~1572, 호는 고봉高峯)에게 그 아픔을 털어놓았다. 퇴계는 그해 12월 8일 눈을 감았다. 그리고 퇴계의 손부 권씨 부인은 창양을 잃은 뒤 영영 아들을 낳지 못했다. 그러다가 남편 이안도가 1584년 44세의 나이로 세상을 떴는데, 1583년 7월에는 시아버지, 곧 퇴계의 아들 이준이 의흥현감으로 재직하던 중 숨을 거두었다. 당시 이안도는 사온서직장에 임명되어 서울에 근무하고 있다가 아버지가 위독하다는 소식을 듣자마자 벼슬을 사직하고 급히 의성으로 내려오다가 부음을 들었다. 그러고는 삼년상을 치르던 중인 이듬해 8월 7일 그마저 숨을 거두게 된다. 그런가 하면 이보다 앞서 6월에는 동생 이순도李純道(1554~1584)가 갑자기 세상을 뜨기도 했다.

이안도의 처 권씨 부인은 남편과 함께 시아버지의 삼년상을 치르던 중 남편과 시동생을 동시에 잃었으니, 그 슬픔은 이루 말할 수 없었다. 특히 귀하게 얻은 아들 창양을 먼저 보낸 것도 자신의 탓이라고 여기면서 살아온 그녀였기에 갑작스런 남편의 죽음에 적지 않은 충격을 받았을 것이다. 이런 죄책감과 슬픔, 애통함에 사무친 권씨 부인은 남편 이안도가 세상을 뜨고 나서 다섯 달 동안 홑옷을 입고 땅바닥에서 잠을 자면서 밤낮으로 울음을 그치지 않았다. 그리고 삼년상을 마치고 나서도 쌀밥을 먹지 않고, 추운 겨울에도 솜옷을 입지 않았으며, 허리춤에 찬 상복 띠도 풀지 않았다. 이런 생활이 20년 동안 계속되었다. 평소 권씨 부인은 "내가 남편을 따라 죽지 못하고 목숨을 이어가는 것은 단지 후사後嗣 때문이다. 만일 후사를 세우지 못하고 죽으면 저승에서 무슨 낯으로 그이를 대할 것인가"라며 한탄했다. 두 돌을 갓 넘긴 창

안동 권씨 정려문.

양을 잃고 딸만 셋 둔 권씨 부인은 훗날 시동생 이영도의 둘째 아들 이억李嶷을 양자로 들여 대를 이었으며, 몸소 혼례를 치러주었다. 이에 권씨 부인이 세상을 뜨고 나라에서 정려문旌閭門을 세워주었는데, 현재 퇴계 종택의 솟을대문과 함께 서 있다.

'일체경지一切敬之!' 퇴계가 생전에 집안 자제들과 제자들에게 강조했던 가르침으로, '사람은 누구나 똑같이 사랑해야 한다'는 뜻이다. 우리는 여종 학덕이의 일화를 통해 퇴계가 늘 마음에 품고 있었던 '일체경지'의 정신은 단순히 이론적 가르침으로서가 아니라 일상에서도 철저히 실천되었다는 것을 확인할 수 있었다. 특히 눈여겨봐야 할 점은 퇴계가 실천한 '일체경지'의 행동이 자칫 사사로운 감정에 이끌리기 쉬운 혈육관계를 과감히 극복하고 이루어졌다는 사실이다. 바로 이런 점이야말로 퇴계가 시대를 초월하여 우리 기억 속에 영원히 자리하고 있는 이유 아닐까.

대장장이에게 배움의 길을 터주다

우리는 여종 학덕이의 일화에서 상대가 누구든 간에 차별의식을 보이지 않았던 퇴계의 평등 사상을 확인했다. 그런데 이와 관련된 또 다른 이야기가 전한다. 대장장이 배순裵純의 일화다. 사실 퇴계가 직접 남긴 기록에는 배순에 관한 내용이 나오지 않는다. 퇴계와 배순의 일화가 세상에 알려진 것은 배순의 손자인 배종裵種이 당시 소수서원 원장이었던 곽진郭瑨(1568~1633, 호는 단곡丹谷)에게 글을 받아 세운 정려비와 이준李埈(1560~1635, 호는 창석蒼石)이 쓴 찬시를 인용한 비문碑文으로 인해서였다. 이후 학자들이 『도산급문제현록』에 '배점裵漸'이라는 이름이 수록되어 있는 것을 확인하면서 세간의 주목을 받게 되었다. 퇴계와 배순의 이야기를 기록과 구전 등을 토대로 정리해보면 대략 이렇다.

> 소수서원 근처의 배점裵漸이라는 마을에 대장장이冶工 배순裵純이라는 사람이 살고 있었다. 그는 신분이 비천함에도 불구하고 학문을 좋아하여 퇴계가 백운동서원(소수서원)에서 글을 가르칠 때 뜰

아래에 와서 종처럼 돌아갈 줄 모르고 청강을 하곤 했다. 그 모습을 유심히 지켜본 퇴계가 배순을 불러 이것저것 시험해보니, 놀랍게도 자신이 강의했던 내용을 대부분 이해하고 있었다. 그래서 제자들과 함께 배순을 가르쳤다. 퇴계가 풍기군수를 그만두고 고향으로 돌아가자 배순은 퇴계의 철상鐵像(쇠로 만든 동상)을 만들어서 아침저녁으로 배알하고, 또 그 앞에서 글공부를 이어나갔다. 그로부터 22년 후 퇴계가 세상을 뜨자 삼년복을 입었으며, 매일 철상 앞에서 제사를 지냈다. 또 선조 임금이 돌아가셨다는 소문을 듣고는 3년 동안 삭망(초하루와 보름)마다 음식을 들고 이곳(배점마을)에서 30리나 되는 소백산 국망봉에 올라 서울 쪽을 향해 곡을 했으며, 소식蔬食을 하면서 벌레도 함부로 죽이지 않았다.

배순에 대한 실제 기록으로는 곽진이 쓴 「배순전裵純傳」과 이여빈李汝馪(1556~1631, 호는 취사炊沙)의 「사우록師友錄」이 문집에 각각 실려 있으며, 또 이준이 지은 시가 있으나 배순의 비문에만 새겨져 있을 뿐, 문집에는 수록되어 있지 않다. 그러나 무엇보다도 퇴계와 배순의 구체적인 관련성을 입증해주는 자료는 이야순李野淳(1755~1831, 호는 광뢰廣瀨)이 1808년에 작성한 「퇴계선생연보보유退溪先生年譜補遺」와 『도산급문제현록』에 실린 내용이다.

「퇴계선생연보보유」의 기록

배순이라는 사람은 옛날부터 순흥에서 대장장이 일을 하면서 살았다. 천성이 순박하고 근실하며, 평생을 헛된 말을 하지 않았으며, 부모를 지성으로 섬겼다. 선생(퇴계)이 풍기군수로 부임해와서 백운동서원에서 강학할 때 매일같이 와서 뜰아래서 경청했는데, 그 모습이 실로 성실하여 선생이 함께 공부하도록 허락해주었다. 선생이 고향으로 돌아가시자 철상鐵像을 만들어서 아침저녁으로 분향 참배하면서 존숭을 표했다. 선생이 세상을 떴다는 소식을 전해 듣자 삼년복을 입었으며 철상 앞에서 제사를 올렸다. 훗날 배순이 살았던 곳을 '배점裵店'이라고 이름 지었으며, 만력 계축년癸丑年(1613)에 고을 사람들이 정려비를 세우고 풍기군수 창석 이준이 지은 시를 새겨두었다.

『도산급문제현록』의 기록

배점裵漸은 배순裵純이라고도 한다. 예로부터 순흥에서 대장장이 일을 하면서 살았다. 집 가까이에 소수서원이 있는데, 퇴계 선생이 강학할 때마다 무릎 꿇고 인사를 드리고는 뜰아래서 돌아갈 줄 모르고 경청하곤 했다. 기특하게 여긴 퇴계 선생이 시험해보니 이해하는 바가 충분하여 함께 가르쳤다. 퇴계 선생이 세상을 뜨자 심상복心喪服을 입었으며, 국상國喪을 당했을 때는 삼년복을 입었다. 창석 이준이 풍기군수로 부임해왔을 때 배순의 행적을 나라에

배순 정려비.

배순은 퇴계가 백운동서원에서 가르칠 때 함께 공부하도록 허락받았다. 백운동서원은 오늘날 소수서원의 시초다. 사진은 소수서원 직방재와 일신재.

알려서 정려를 내리도록 요청했으며, 지금도 정려비가 마을에 남아 있다.

이처럼 문헌 기록과 구전 등으로 볼 때 배순이 퇴계가 풍기군수에 부임하여 소수서원(백운동서원)에서 강학할 때 가르침을 받았던 것은 확실한 듯하다. 다만 곽진의 「배순전」에는 퇴계가 세상을 뜨자 삼년복을 입고 철상을 주조하여 제사를 올렸다는 기록만 있으며, 퇴계로부터 가르침을 받았다는 내용은 없다. 이여빈의 「사우록」에는 퇴계가 타계하고 나서 삼년복을 입었다는 내용만 실려 있다.

배순의 생졸년은 전하지 않고, 기록에 따라 사망 연령이 74세, 78세, 80세 등으로 다르다. 또 선조 임금(1552~1608)의 삼년상을 치렀다고 하니, 탈상한 1610년까지는 생존했던 듯하다. 특히 이준이 풍기군수로 부임했던 시기가 1613년이고, 또 같은 해에 강릉부사로 임명되었기 때문에 배순에 대한 정려는 1613년에 신청한 것으로 보인다. 그러고 나서 1615년 5월에 정려가 내려졌다는 기록이 비문에 적혀 있다. 다만 이준이 정려를 신청하고 또 정려가 내려졌을 때 배순이 생존해 있었는지에 대해서는 알 길이 없다. 어쨌든 이런 상황들을 감안할 때 그의 행적이 비교적 명확히 남아 있는 시기는 1548~1610년이 되는 셈이다. 즉, 퇴계가 풍기군수로 부임한 1548년 11월부터 선조 임금의 탈상 시기인 1610년까지인 것이다. 따라서 배순은 이 기간을 포함하여 74년에서 80년의 생을 살았던 인물이라고 할 수 있다.

한편『도산급문제현록』에 배순의 이름이 오르게 된 것은 퇴계의 9대손 이야순이 종래의『퇴계문인록』에서 누락된 제자들을 추가할 때 함께 포함시켰기 때문이다. 흥미로운 점은『도산급문제현록』에는 배순의 이름이 다른 제자들의 이름보다 한 글자 아래에 적혀 있다는 사실이다. 아마도 유생儒生 출신의 제자와 배순을 구분하기 위한 것으로 여겨진다.

나라로부터 정려를 내려 받은 배순은 순흥이 자랑하는 인물로 거듭났다. 아마도 풍기군수 이준이 배순의 행적을 전해 듣고 정려를 신청한 이유는 단순히 효성이 지극하고, 국상을 당해 삼년복을 입었다는 사실 때문만은 아닐 것이다. 삼강오륜을 철저히 강조했던 당시에는 지역마다 효자를 흔히 볼 수 있었으며, 또 임금이 승하하면 모든 백성이 상복을 입고 충성을 다하는 것이 관행이었다. 따라서 이준은, 가르침을 주던 스승(퇴계)이 고향으로 돌아가자 스승의 모습을 본뜬 철상을 만들어서 아침저녁으로 배알하고, 또 스승이 타계했다는 소식을 듣고는 3년 동안 철상 앞에서 제사를 올렸다는, 이른바 제자로서의 직분을 충실히 행한 배순의 행적에 무엇보다 감동받았을 것이다. 즉 신분제가 엄격했던 당시, 천직賤職에 종사하면서 유생들도 실천하기 힘든 제자직弟子職(제자로서의 직분)을 철저히 수행한 그의 행적에 부모에 대한 효성과 임금에 대한 충성이 더해져서 감동이 배가되었을 것으로 보인다.

현재 배순의 정려각은 영주(순흥면)에서 주목받는 스토리텔링 유적지가 되어 있다. 대장장이라는 천민의 신분으로 조선시대 대유大儒 퇴계 이황으로부터 가르침을 받고, 또 제자 명단에도 당당히 이름을 올

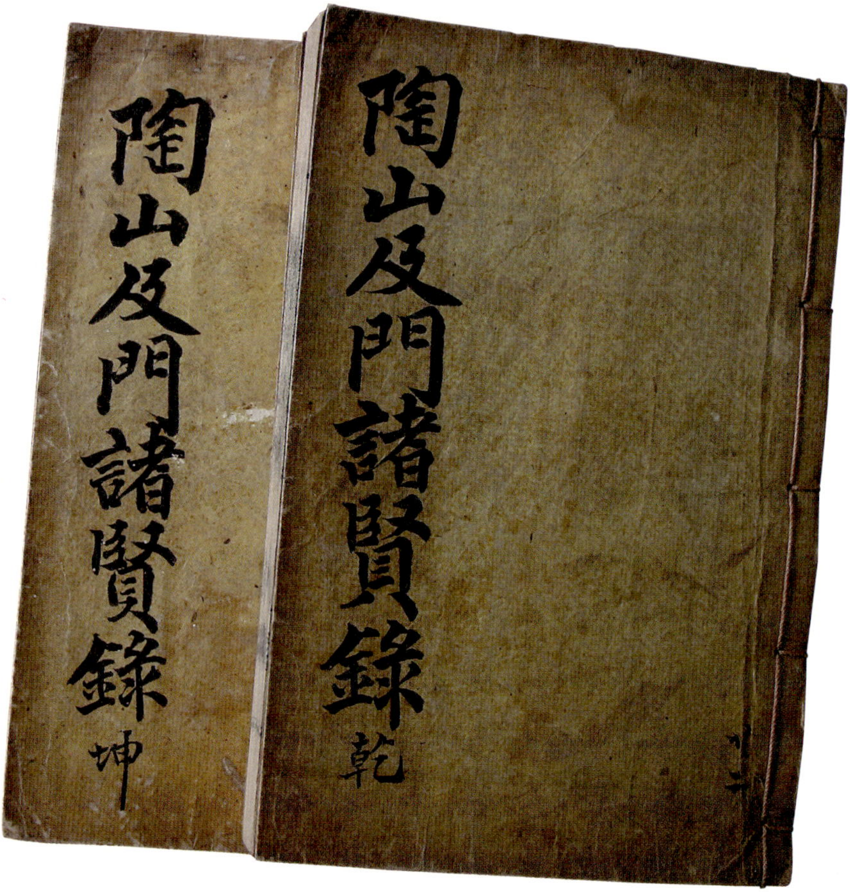
陶山及門諸賢錄 坤
陶山及門諸賢錄 乾

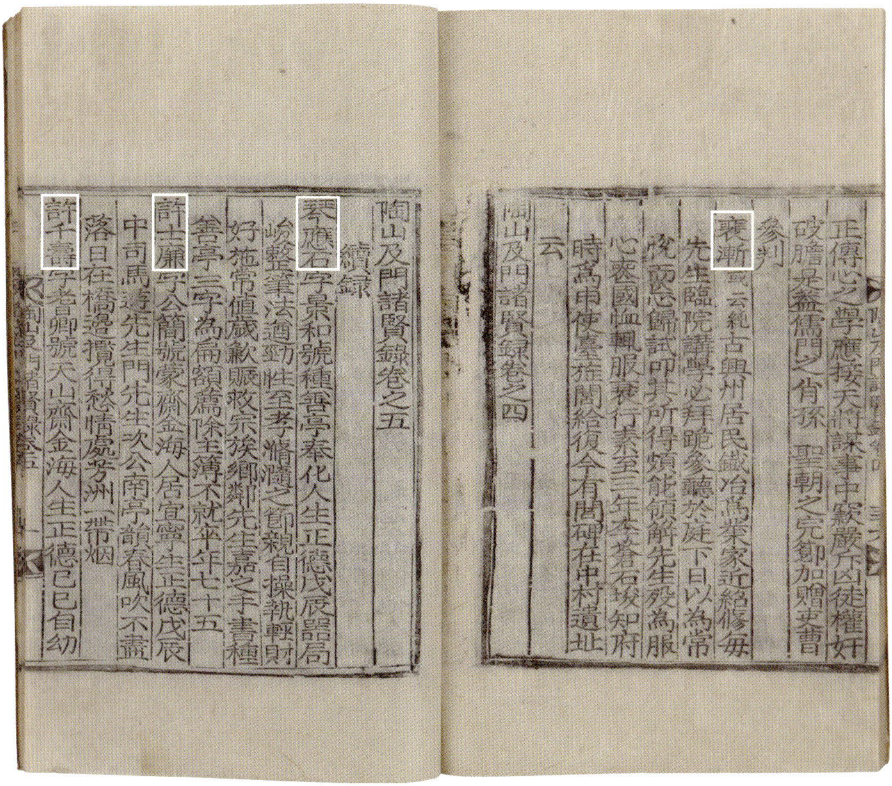
正傳心之學應接天將誅事中叙嚴斥凶徒權奸
破膽是蓋儒門之肖孫 聖朝之完節加贈吏曹
參判
裵漸 或云純 古興州居民鐵冶爲業家近紹修每
先生臨院講學必拜跪參聽於庭下日以爲常
旣而心歸試叩其所得頗能領解先生歿爲服
心喪國恤輒服衰行素至三年李蒼石埈知府
時爲申使臺旌閭給復今有閭碑在中村遺址
云
陶山及門諸賢錄卷之四

陶山及門諸賢錄卷之五
續錄
琴應石 字景和號種善亭奉化人生正德戊辰器局
峻整筆法遒勁性至孝[illegible]之節親自操執輕財
好施常値歲歉賑救宗族鄕鄰先生嘉之手書種
善亭三字爲扁額薦除主簿不就卒年七十五
許士廉 字公簡號蒙齋金海人居宜寧生正德戊辰
中司馬遊先生門先生次公南亭韻春風吹不盡
落日在橋邊攬得愁情處芳洲一帶烟
許千壽 字耆卿號天山齋金海人生正德己巳自幼

『도산급문제현록』을 보면 배점裵漸의 경우는 여느 사람들과 달리 한 칸 아래에 기록함으로써 차이를 뒀다.

렸으니 사람들의 이목을 끌기에 충분하다. 그리고 그 중심에는 신분의 귀천을 가리지 않고 가르침을 베푼 퇴계가 자리하고 있는 것이다. 『논어』「위영공衛靈公」 편에 "유교무류有教無類"라는 말이 나온다. 공자도 가르침에는 부귀와 비천의 차이가 없다고 말했다. 그렇다 해도 엄격한 신분제 사회에서 퇴계처럼 유학의 정신을 실제로 행하기란 쉬운 일이 아니었다.

의롭지 않은 것은 멀리하라

퇴계가 단양군수에서 물러나 짐을 꾸리고 길을 나섰다. 그의 일행이 죽령에 이르렀을 때 단양의 관졸들이 삼麻 꾸러미를 지고 와서 내려놓았다. 이내 고개를 숙이고서는 "이 삼은 관아의 밭에서 거둔 것입니다. 부디 받아주십시오"라고 하였다. 이에 퇴계가 고개를 저으면서 "내가 시키지도 않았는데 어찌 이것을 갖고 왔느냐?" 하니, "관아의 밭에서 나는 것은 사또의 노자로 드리는 관례가 있습니다. 그러니 거두어주십시오"라고 설명했다. 이에 퇴계는 "그렇다면 다음 사또가 오시면 기민 구제에 쓰시라고 일러라" 하고는 길을 떠났다.

'의리취사義利取捨'라는 말이 있다. '의로운 것은 취하고 이익은 버리라'는 뜻이다. 퇴계는 누구보다도 의리취사가 확실했다. 위의 일화에서도 비록 관행화된 습속이라고는 해도 스스로 의義가 아니라고 판단했기 때문에 과감히 물리치고 길을 나섰던 것이다. 이런 이유로 퇴계 일화 가운데 '의리취사'와 관련된 것이 유난히 많은데, 그중 대표적인 몇 가지를 소개한다.

퇴계가 벼슬길에 올라 서울에서 살게 되었다. 당시 퇴계의 형편으로는 집을 구입할 수 없어서 지금의 서소문에 임시로 머물 집을 빌렸는데, 옆집과 담 하나를 두고 이웃하는 가옥이었다. 옆집 담장 안에는 수십 년 묵은 밤나무 한 그루가 있어 여름철이면 밤나무 가지가 퇴계의 집 마당까지 길게 뻗쳐 시원한 그늘을 만들어주곤 했다. 그러다가 가을이 되어 밤이 영글면 뻗어온 가지에서 떨어진 밤송이가 마당에 가득했다. 그래서 매일 아침 산책을 나서던 퇴계는 자신의 집 마당에 떨어진 밤송이를 주워서 옆집 담장 너머로 던져주곤 했다. 또 밤송이가 많을 때에는 양손 가득 주워서 이웃집 주인에게 직접 전해주느라 산책을 가지 못할 때도 있었다. 옆집 주인으로서는 미안하기 짝이 없는 일이었다.

그러던 어느 날, 옆집 주인이 밤을 들고 와서 말했다.

"선생께서 아침마다 밤을 주워 저희 집에 갖다주셔서 고맙고도 미안하기 짝이 없습니다. 그런데 저희 집에서는 마당에 떨어지는 밤만으로도 온 식구가 먹고 남을 정도이니, 내일부터는 선생 댁 마당에 떨어진 밤은 일부러 갖고 오지 마시고 댁에서 아이들에게 나눠주도록 하십시오."

옆집 주인의 말을 듣고 있던 퇴계는 조용히 고개를 저으면서 말했다.

"말씀하신 뜻은 고맙지만, 남의 집 과실을 어찌 함부로 먹을 수 있겠소?"

"주인인 제가 말씀드렸으니 아이들에게 나눠주셔도 무방하지 않겠습니까?"

"내 소유가 아닌 물건은 비록 내 마당에 떨어진 밤일지라도 그것을 아이들에게 함부로 나누어 먹이면 아이들은 그런 일에 습성이 생겨서 나중에는 어떤 잘못을 범하게 될지도 모를 일이오. 그렇지 않아도 우리 집 식구들은 그 밤나무 신세를 톡톡히 지고 있다오. 그런 데다 그 밤나무의 열매까지 얻어먹는다면 참으로 염치없는 일일 것이오."

옆집 사람은 밤나무의 신세를 진다는 말에 깜짝 놀라더니 물었다.

"선생 댁에서 저희 집 밤나무 신세를 진다니 그게 무슨 말씀인지요?"

퇴계가 웃음을 머금으며 말했다.

"우리 집 식구가 그 밤나무에게 지는 신세가 이만저만이 아니라오. 그 밤나무가 여름철에 우리 집 마당에 그늘을 만들어줘서 삼복더위에도 우리 식구들은 더위를 모르고 시원하게 지낼 수 있으니 그것이 첫째 신세요, 둘째는 내가 아침마다 우리 마당에 떨어진 밤을 주워서 담장 너머로 던져드리느라고 허리를 폈다 굽혔다 하다보니 운동이 되어서 몸이 건강해졌으니, 얼마나 고마운 신세란 말이오."

결국 퇴계가 농담을 하는 바람에 옆집 사람은 한바탕 웃고는 퇴계의 대쪽 같은 인품에 머리를 숙였다는 이야기다.

언젠가는 이런 일도 있었다. 퇴계가 하인을 데리고 서울로 가던 길이었다. 해가 저물어 하인이 저녁밥을 지어왔는데, 난데없는 풋콩이 밥에 들어 있었다. 퇴계가 잡곡밥을 즐겨 먹는 것을 알고 하인이 일부러 풋콩을 넣어 밥을 지었던 것이다. 그런데 퇴계는 그 밥을 보고 의아하게 생각하면서 하인에게 물었다.

"이 쌀은 우리가 집에서 갖고 온 것이지만 밥에 들어 있는 풋콩은 처음 보는 것인데, 어디서 구해온 것이냐?"

"나리께서 풋콩밥을 좋아하시기에 소인이 저기 앞에 있는 콩밭에서 몇 줄기 따다가 밥에 넣었습니다."

하인의 말을 듣고 있던 퇴계의 표정이 갑자기 굳어졌다.

"남의 집 콩을 함부로 훔쳐오다니 그건 안 될 말이다. 물론 너는 날 위해서 정성을 다하느라고 그랬겠지만, 도둑맞은 사람의 처지를 생각해보거라. 봄여름 내내 고생스럽게 키워놓은 콩을 도둑맞았으니, 얼마나 서운하겠느냐? 지금이라도 주인에게 돌려드려라!"

"이미 밥을 지어버렸는데 어떻게 콩을 돌려드리옵니까?"

"잘못을 사죄하는 뜻에서 콩과 함께 밥까지 보내드리면 될 게 아니냐? 어서 이 밥을 콩 주인에게 보내드리고 오너라."

결국 하인은 밭주인에게 가서 자초지종을 말씀드리고 콩이 든 밥을 전해주고, 다시 새 밥을 지었다는 이야기다. 실제로 퇴계는 남에게 물건을 받을 때 받을 것과 못 받을 것, 받는 것과 안 받는 것을 엄격히 구분했다. 그랬던 까닭에 퇴계가 세상을 뜨고 나서 제자들이 스승의 평소 언행을 정리하여 책으로 엮을 때 '사수辭受'라는 항목을 별도로 마련할 정도였다. 원래 '사수'란 관직을 받고 사퇴한다는 뜻이지만, 퇴계의 제자들은 '물건을 받거나 사양한다'는 의미로 스승의 언행을 기렸던 것이다.

퇴계는 남으로부터 물건을 받을 때는 "의義롭지 않은 것은 사양해야 하고, 비의非義가 없으면 사양할 필요가 없다"라는 나름의 원칙을 세워두었다. 특히 물건을 보낸 출처가 분명하지 않을 때는 철저히 물리쳤다. 예를 들어 아들 이준이 안기(안동시 안기동)찰방으로 있을 때 꿩 한 마리를 보냈더니 "어떻게 해서 생긴 것인지 분명치 않다"면서 안기역으로 되돌려 보냈다는 일화도 있다. 또 어느 날은 아들 이준이 출처를 명확히 밝히면서 은어를 보내왔다. 그랬더니 "은어가 어디서 생겼는지 잘 알았다. 출처를 알았기 때문에 받아도 무방할 것 같다. 흔히 효심이 지극하면 무슨 일이나 해도 괜찮은 줄 알지만, 비록 부모 위하는 일이라 할지라도 조금의 불의不義도 있어서는 안 된다"는 편지를 보냈다.

물건을 받을 때는 출처 못지않게 명분도 반드시 따졌다. 국왕의 하사품일지라도 책은 받고, 말이나 가죽옷 등은 반환하기도 했다. 또 한번은 서울에 있는 손자 이안도가 참찬參贊 벼슬에 있는 이들에게 주는 하사품이 서울 집으로 왔다는 편지를 보내자 "하사물 가운데 책만 받아라. 내가 지금 참찬의 자리에 있지 않은데 참찬에게 주는 하사품을 받을 수 있겠느냐! 이곳으로 보내지 말고 그냥 서울에 두거라. 훗날 내가 편지로 시킬 테니 그때 가서 처리하는 게 좋을 것이다"라는 답장을 보냈다.

출처와 명분이 확실한 물건을 받았을 때도 엄격한 규범을 세워두었다. 물건을 받으면 혼자서 차지하지 않고 가족과 친척, 이웃들과 공유하는 원칙이다. 제자들은 스승의 이런 모습을 "고을에서 물건을 보내오는 일이 있으면 반드시 먼저 형님에게 보내고, 다음에는 친척과 이웃 그리고 제자들에게 나누어주었으며 집에 남겨두는 일이 절대 없었다. 서울에 있을 때는 매달 나오는 월급이 쓰기에 충분했으므로 나머지는 모두 친구들을 도와주었는데, 반드시 그 친소親疎와 빈부貧富를 가늠하여 서로간의 정의情誼를 상한 적이 없었다"라고 기억한다.[56]

또 다른 원칙은 보내준 사람의 성의와 수고에 철저히 답례하는 것이었다. 예를 들어 며느리 봉화 금씨가 단령團領(깃을 둥글게 만든 공복公服)을 지어서 보내자 아들 이준에게 편지를 쓰면서 "네 처가 지어 보낸 단령을 받으니 기쁘고 마음이 즐겁다만, 힘든 살림에 굳이 이렇게까지 하니 오히려 편치 않구나. 함께 보내는 접는 부채와 참빗은 네 처에게 전해주면 좋겠구나"라고 하였고, 또 한번은 버선을 기워 보냈더니 "아몽阿蒙(이안도)의 어미 앞으로 보낸 바늘과 분粉은 잘 받아두어라. 보내준 버선 세 켤레를 받은 기쁜 마음을 함께 전해주면 좋겠구나"라면서 고마움과 더불어 답례를 챙기는 섬세한 배려를 잊지 않았다. 또 영주에 살고 있는 질서 민시원이 물건을 보내오자 "서경筮卿(민시원의 자)에게 당부하네. 물건과 사람을 보내서 안부를 묻는 것은 도리가 아닐세. 하물며 자네 내외가 병환 중인데 하필 이렇게 정성을 보내야 하나. 마음이 편치 못하네. 자네 집과는 숙질 간이라 다른 사람처럼 성의를 막을 수 없어서 이번만은 받지만 몹시 부끄럽네. 다음부터는 자네 집에서도 이렇게 하지 말게. 나의 옹졸한 마음이 어찌 편하겠는가? 만일 또 이런 일이 있다면 그땐 받지 않을 걸세"라는 편지를 보내기도 했다.

이처럼 출처와 명분을 따져 물건을 받거나 물리치고, 또 받은 물건은 혼자 차지하지 않고 다른 사람들과 공유하며, 보내준 상대가 누구이든 간에 그 정성에 고마움을 표하는 퇴계의 자세는 오늘날을 살아가는 우리에게 시사하는 바가 적지 않다. 이것이야말로 우리가 지금, 여기서 퇴계의 삶을 되돌아보고 있는 이유가 아닐까?

혐의를 경계하다

'별혐別嫌'이란 혐의를 분별하는 것을 말한다. 권두경權斗經(1654~1725, 호는 창설재蒼雪齋)이 퇴계의 언행을 정리할 때 스승의 말에서 따온 것으로, 남으로부터 혐의를 받을 만한 일을 하지 않는다는 뜻이다. 퇴계의 철저했던 별혐에 관련된 이야기가 『퇴계선생언행록』에 전한다.[57]

도산서당 아래에 발담魚梁[58]이 있었다. 관아의 감시가 매우 엄해서 사람들이 사사로이 고기를 잡을 수 없었다. 퇴계는 무더운 여름철

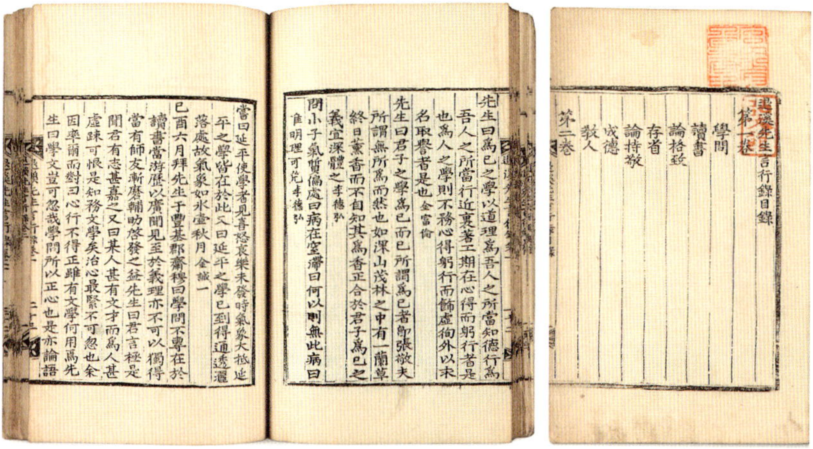

『퇴계선생언행록』, 31.0×21.2cm, 1723.

이 되면 계사溪舍에 거처했으나, 단 한 번도 이곳에 간 적이 없었다. 그래서 조남명曺南冥(조식曺植, 1501~1572)이 이 말을 듣고 웃으면서 말했다.

"어찌 그리도 소심한가? 내가 스스로 하지 않는다면 아무리 관청의 발담이 있다 한들 무엇이 혐핍하며, 무엇을 피할 게 있겠는가?"

라고 말했다. 그러자 선생이 답했다.

"남명이라면 그렇게 하겠지만 나는 역시 이렇게 하겠다. 나의 불가不可함으로 유하혜柳下惠의 가可함을 배우는 것 또한 마땅하지 않겠는가?"

유하혜는 중국 춘추시대의 사람으로, 노나라에서 벼슬을 하다가 세 번이나 면직되었으나 노나라를 떠나지 않았다. 이에 사람들이 그 이유를 묻자 "정도正道로써 남을 섬기면 어디를 간들 면직되지 않겠는가? 또 만일 왕도枉道(왜곡된 도리)로써 섬길 생각이라면 무엇 때문에 조국을 떠나겠는가?" 하는 이야기를 남긴 것으로 유명하다.

아마도 퇴계는 별혐에 대한 소신을 굽히지 않는 자신의 태도를 설명하기 위해 수차례 면직되어도 곧은 의지를 꺾지 않았던 유하혜의 일화를 예로 들었던 것 같다. 이와 유사한 또 다른 이야기가 전한다.

도산서당 앞 천연대 아래의 낙동강에는 예로부터 은어가 많기로 유명했다. 그래서 예안현감은 이곳의 은어를 잡아서 임금에게 진상했는데, 이런 이유로 일반 백성들은 은어를 잡지 못한다는 이른바 금렵禁獵 규정이 있었다. 관에서는 여름과 가을에 걸쳐 그물을 설치해 은어를 잡았다. 이에 퇴계는 이 기간 천연대 주변에는 가지 않고 상계上溪에서만 지냈다. 또는 퇴계가 자하봉 밑에 터를 잡아 집을 짓던 중 그 아래 낙동강에서 은어를 잡기 위한 그물을 설치하는 것을 보고는 집짓기를 포기하고 대골竹洞로 옮겨갔다는 이야기도 있다. 이번에는 좀 더 구체적인 이야기다.

퇴계의 고향 집 앞에는 낙동강이 흐르고 있었는데, 예로부터 은어가 많이 살고 있었다. 은어는 원래 맛이 뛰어난 물고기로, 특히 낙동강에서 잡히는 은어 맛은 일품이었다. 이에 나라에서 낙동강의

「이호정도伊湖停棹」, 『허주산수유첩』, 18세기, 한국학중앙연구원. 내앞 입구 개호송의 바로 아래쪽 길안천과 합수되는 물굽이 풍경이다. 퇴계 부친의 첫째 부인이 이곳 내앞 출신이고, 퇴계의 둘째 손녀 또한 내앞의 의성 김씨 집에 출가했다. 이곳 낙동강에는 은어가 많이 나는 곳이라 임금께 진상품이 올라가곤 했다.

은어는 임금에게만 진상하고, 일반 백성들은 은어를 잡지 못하도록 법으로 정해두었다. 그러나 철없는 아이들은 국법을 알 리 없어서 강에 멱을 감으러 나가면 저마다 은어를 잡곤 했다. 퇴계는 아이들이 은어를 잡는 광경을 볼 때마다 "국법을 어겨서는 안 된다"고 꾸짖곤 했다. 어느 날 마을 노인이 아이들을 꾸짖고 있는 퇴계에게 말했다.

"여름철에 아이들이 물놀이를 하는 것은 당연한 일이고, 또 물에서 멱을 감다보면 물고기를 잡게 되는 것도 자연스러운 일인데, 아이들이 은어를 잡는 것이 뭐 그리 나쁘다는 말씀이오? 나쁜 것은 아이들이 아니라 그런 부자연스러운 법을 만들어놓은 나라가 더 나쁘다고 생각하오."

퇴계는 노인의 말에 내심 수긍하면서도 이렇게 답했다.

"어르신의 말씀은 지극히 옳으십니다. 천진난만한 아이들의 자연스러운 행동에 제재를 가하는 그런 법은 확실히 잘못되었습니다. 그러나 악법도 법이거늘, 나라에서 일단 법으로 정한 이상 백성된 자는 마땅히 지켜야 할 것 아니겠습니까? 악법이라고 해서 지키지 않는다면 나중에는 좋은 법 또한 지키지 않을 것이니, 그리하면 나라가 어떻게 되겠습니까?"

그러자 노인은 더 이상 대꾸를 하지 않은 채 자리를 뜨고, 아이들은 여전히 은어를 잡고 있었다. 이후에도 퇴계가 아무리 타이르고 꾸짖어도 도무지 고쳐질 기미가 보이지 않았다. 이에 퇴계는 자기 아들들이 행여 동네 아이들과 어울러 국법을 어길까 염려스러워 마침내 낙동강에서 멀리 떨어진 죽동竹洞이라는 곳으로 이사를 가 버렸다.

위의 이야기는『퇴계선생언행록』에 수록된 내용을 토대로 변형된 것으로 보인다. 그러나 퇴계가 다른 사람에게 불필요한 혐의를 받는 것을 철저히 경계했다는 줄거리는 매한가지다. 심지어 퇴계는 단양과 풍기군수로 재임할 때 가족을 두고 혼자 부임해 있었다. 이것 역시 별혐 때문이었다. 당시 제자들이 "부형이 고을살이를 할 때 자제들이 따라가는 것은 의리에 어긋납니까?" 하고 여쭤보니, "국법에는 처자를 데리고 가도록 허락되어 있지만, 이것은 월급제라야 그럴 수 있다. 우리나라 고을 원은 월급이 아니라 관물官物로 생활하기 때문에 가족을 데리고 가면 그 고을 물건을 축내고, 또 관사를 더럽힐 수도 있다. 이것 모두 의리에 어긋나는 일인지라 삼가고 있을 뿐이다"라고 답했다. 그러고는 "그래서 나는 자제들이 문안을 오더라도 여러 날 있으면 폐를 끼치므로 오래 머물지 못하게 한다"고 덧붙였다.

퇴계가 보여준 '별혐'의 자세는 치자治者(관리)라면 누구나 갖춰야 할 것이다. 백성들에 비해 이권利權에 대한 유리한 조건을 갖고 있는 만큼 혐의 또한 받기 쉽기 때문이다. 이런 점에서 퇴계가 취해온 '별혐지엄別嫌之嚴(혐의를 엄중하게 경계함)'의 태도는 시대와 지역을 넘나드는 보편적 가치라고 할 수 있겠다.

가난할수록 더욱 즐겨라

평소 퇴계는 집안 자제와 제자들에게 "가난할수록 더욱 즐길 수 있어야 한다貧當益可樂"는 말을 자주 하곤 했다. 이 말은 『논어』「학이」 편에 나오는 '가난하면서도 즐겁게 사는 것貧而樂'에서 유래한 듯하다. 당시 자공이 "가난해도 아첨하지 않고 사는 것은 어떠합니까?" 하고 물었을 때, 공자는 "그 정도면 충분하다. 그러나 가난하면서도 즐기는 것보다는 못하다"라고 답했다. 퇴계는 공자의 이 표현을 한층 더 강조해 "가난할수록 더욱 즐길 수 있어야 한다"는 말로 바꾸어놓았다. 이와 더불어 퇴계는 아들 이준에게 보낸 편지에서 말했다.

> 가난은 선비에게 당연한 일이다. 그러므로 어찌 마음에 두겠느냐? 너의 아비는 평생을 이로 인해 남의 비웃음을 받아왔다. 다만 꿋꿋이 참고 순리대로 대처하면서 스스로를 수양하고 하늘의 뜻을 기다리는 것이 마땅하다.

선비의 가난함은 부끄러움이 아니라 지극히 당연한 일이라고 여겼다. 그랬던 까닭에 퇴계는 '한유寒儒'라는 말을 즐겨 썼다. 아울러 "산은 깊을수록 좋고, 물은 멀수록 좋으며, 글씨는 맛이 있어야 하고, 사람은 가난한 데서 낙樂이 있다"라며, 가난을 삶의 고통이 아니라 즐거움으로 승화시켰다. 항간에는 퇴계가 처가(전처 김해 허씨, 후처 안동 권씨)

로부터 상당한 재산을 상속받아 비교적 넉넉한 살림을 꾸렸다는 주장도 있지만, 퇴계의 삶 자체는 늘 궁핍했다.

실제로 퇴계는 풍기군수로 있을 때 아들 이준에게 갓과 신발이 모두 낡았으니 집에 남아 있는 무명을 인편에 보내달라는 편지를 쓴 바 있다. 또 서울에 있는 손자 이안도에게 자신은 추위를 많이 타는 탓에 털옷이 없으면 겨울을 나기 힘든데, 지금 입고 있는 20년 된 털옷이 해져버렸지만 새로 구입할 돈이 없으니 베 몇 필이면 털옷을 살 수 있는지 가격을 알아봐달라는 편지를 보내기도 했다. 어디 그뿐인가? 퇴계가 1548년 1월 단양군수에 부임하여 약 10개월 동안 근무한 뒤 그곳을 떠날 때 짐이라곤 두 궤짝의 책, 입던 옷, 손수 주운 수석壽石 두 개가 전부였다고 한다. '한유寒儒'로서 퇴계의 삶에 얽힌 이야기를 소개한다.

퇴계와 동시대의 대학자로 권철權轍(1503~1578, 호는 쌍취헌雙翠軒) 이라는 사람이 있다. 1534년에 문과급제를 해 훗날 우의정(1565), 좌의정(1567), 영의정(1571)을 두루 거쳤다. 또 임진왜란 당시 명장으로 이름을 떨친 권율權慄 장군을 아들로 두었으며, 오성대감鰲城大監으로 유명한 이항복李恒福을 손서孫壻로 두었다. 권철은 지인지감知人之鑑, 곧 사람을 알아보는 안목이 탁월했다. 이런 그가 퇴계를 무심히 지나칠 리 없었다. 실제로 그는 퇴계에 대한 추앙심을 가슴에 품고 있었다.

어느 날 권철은 평소 흠모해오던 퇴계를 만나기 위해 서울에서

讀書多年種松
皆作老龍鱗

안동 도산서당까지 550리나 되는 먼 길을 마다않고 찾아왔다. 정승 권철이 초헌軺軒[59]을 타고 도산서당에 도착하자 퇴계는 예禮를 갖추어 맞이했다. 그리하여 두 학자는 기쁜 마음으로 회포를 풀었다.

그러는 사이 어느덧 시간이 흘러 저녁 밥상이 들어왔다. 보리밥에 반찬이라곤 콩나물국과 가지나물과 산채 무침, 그리고 북어무침이 전부였다. 평소 퇴계가 마주하는 밥상 그대로였다. 서울에서 온갖 산해진미로 가득한 밥상을 받던 권철에게 시골의 소박하기 짝이 없는 음식이 입에 맞을 리 없었다. 그래서 몇 숟가락을 겨우 뜨는 척하다가 상을 물렸다.

이튿날 아침, 저녁 밥상과 별반 다르지 않은 음식이 차려져 나왔다. 권철은 어제 저녁과 마찬가지로 몇 숟갈 뜨고는 다시 상을 물렸다. 사정이 이렇다보니, 아무리 퇴계를 추앙한다고 해도 더 이상 묵을 수가 없었다. 이에 예정을 앞당겨 다음 날 길을 나설 채비를 하면서 퇴계에게 말했다.

"이렇게 찾아뵙고 떠나게 되니 참으로 반갑소이다. 우리가 만났던 것을 깊이 기념하고자 하니 좋은 말씀을 한마디 해주시지요."

퇴계는 잠시 머뭇거리다가 "촌부村夫가 대감께 무슨 말씀을 여쭐

「초당독서도草堂讀書圖」, 이명기, 종이에 엷은색, 103.8×48.5cm, 18세기 말~19세기 초, 삼성미술관 리움. 조그만 초가집에서 정좌하고 글을 읽는 모습이다. 퇴계는 스스로 '한유寒儒'로서의 삶을 즐겼다.

것이 있겠습니까? 다만 대감께서 말씀하시라고 하시니, 한 말씀만 올리겠습니다"라며 운을 뗐다.

"대감께서 이곳 골짜기까지 몸소 찾아주셨는데 제가 융숭한 대접을 못 해드려서 송구스러울 따름입니다. 그러나 제가 대감께 올린 식사는 우리 백성들이 먹는 것에 비긴다면 더할 나위없는 성찬입니다. 그럼에도 대감께서는 음식이 입에 맞지 않아 제대로 잡수시지 못하는 것을 보고 저는 이 나라의 장래가 은근히 염려되었습니다. 무릇 정치의 요체는 여민동락與民同樂(백성과 더불어 즐김)에 있사온데, 관과 민의 생활이 이렇게 동떨어져 있으면 어느 백성이 관의 행정에 충심으로 따르겠습니까?"

순간 권철은 얼굴을 붉히면서 머리를 수그렸다.

흥미롭게도 『퇴계선생언행록』에 권철이 당시 서울에 머물고 있던 퇴계를 찾아와서 함께 식사를 했는데, 그 모습을 지켜본 제자 우성전禹性傳(1542~1593, 호는 추연秋淵)이 상세히 회고하고 있다.[60]

선생(퇴계)이 일찍이 서울에 올라와서 서성西城 안에 우거했는데, 지금의 좌상(좌의정)인 권공(권철)이 찾아뵈었다. 선생이 밥을 차려 대접하는데 반찬이 담박해서 먹을 수가 없었으나, 선생은 마치 진미珍味인 냥 조금도 먹기를 꺼리는 기색이 없었다. 권공은 끝내 먹지를 못하고 밖으로 나와서 사람들에게 "지금까지 입버릇을 잘못

길러서 이렇게까지 되었으니 매우 부끄럽다" 했다.

제자들이 회고한 내용이니, 아마 조금의 보탬도 없을 것이다. 다만 위의 일화와 달리 두 사람이 만남을 가졌던 장소가 서울이고, 또 두 사람이 서로 나누었던 대화 내용이 다를 뿐, 퇴계를 찾아온 권철에게 질박한 밥상을 차려주었지만 도저히 입에 맞지 않아 상을 물렸으며, 그러고는 부끄럽다는 말을 남겼다는 줄거리는 같다. 이외에도 『퇴계선생언행록』에는 음식과 관련된 퇴계의 언행이 곳곳에 나타난다.

선생은 손님을 대하여 음식을 먹을 때 수저 소리가 들리지 않았다. 끼니마다 음식은 두서너 가지에 불과했으며 더운 여름철에는 건포乾脯뿐이었다. 젊은 사람도 먹기 어려운 잡곡밥을 고량진미처럼 맛있게 드셨다. 일찍이 도산에서 선생을 모시고 식사를 한 적이 있는데, 밥상에는 단지 가지나물, 무나물, 미역뿐이었으며 더 이상 없었다.(김성일)

선생이 일찍이 말씀하시기를 "나는 정말 복이 박한 사람인가보다. 기름지고 맛있는 음식을 먹으면 기분이 답답하고 체한 것 같아 편치가 않은데, 거친 음식을 먹고 나면 바로 속이 편해진다" 하셨다.(김성일)

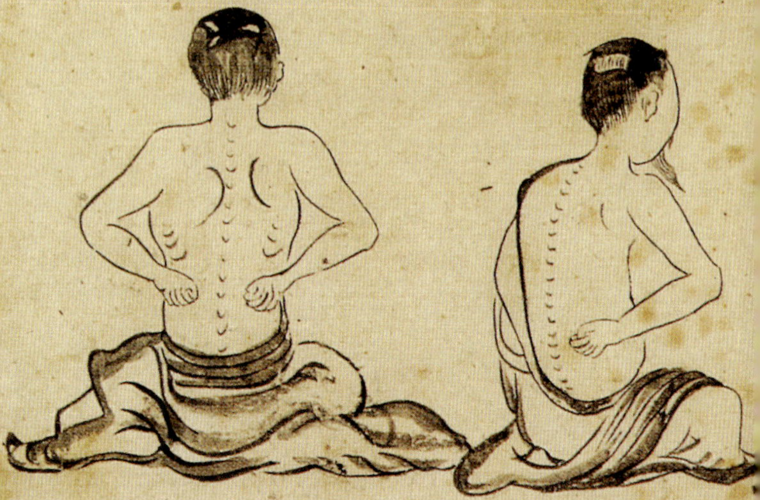

左右單關轆轤
各三十六

雙關轆轤三十
六

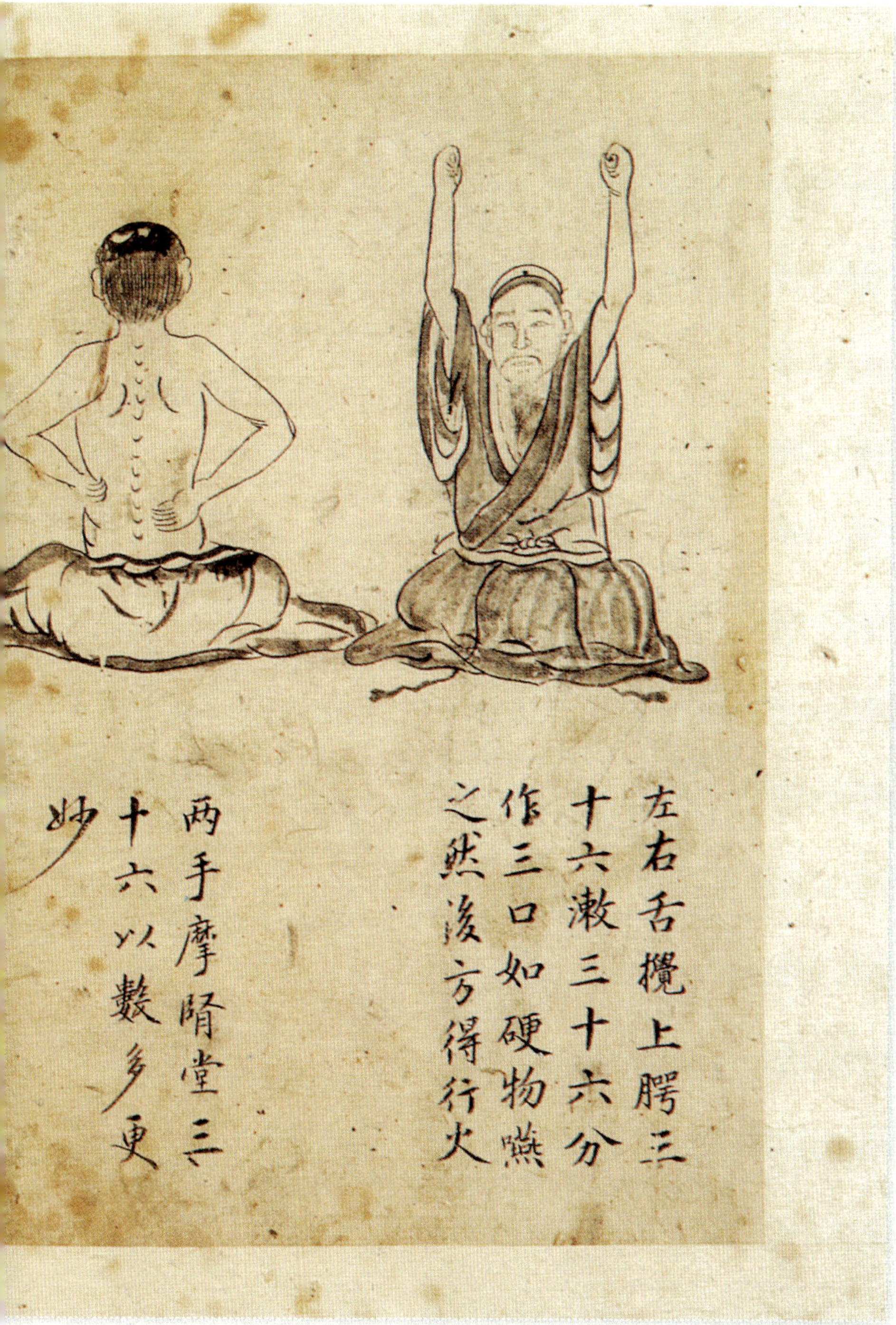

『활인심방活人心方』, 이황, 29.0×45.0cm, 16세기, 진성 이씨 상계종택 기탁, 유교문화박물관. 심신의 건강을 위해 퇴계가 직접 그림을 그리고 글씨를 쓴 것으로, 중국의 수련서인 『구선활인심법臞僊活人心法』이라는 책을 요약·정리했다.

평소 퇴계는 1일 2식(조석朝夕)과 삼색三色의 반찬을 원칙으로 삼았다. 이는 퇴계가 건강이 좋지 않았던 관계로 건강 관리를 위한 나름의 생활 수칙이었을 것이고, 또 평소 몸에 밴 검약생활의 실천이었으며, 군자의 식사 예절이기도 했다. 참고로 선비의 식사법으로 식불가염정食不可厭精(좋고 싫은 것을 가려서는 안 된다), 부다식不多食(배불리 먹지 않는다), 식불어食不語(식사 중에 말을 하지 않는다), 소식채갱疏食菜羹(담박한 나물 반찬과 나물국을 먹는다) 등이 있다. 이런 퇴계의 검약생활은 먹는 것에만 국한되지 않았다.

> 선생은 본래 검소함을 숭상하여 세수할 때는 질그릇을 쓰고, 부들자리에 앉았으며, 베옷에 끈으로 된 띠를 매고 칡으로 엮은 신발에 대지팡이를 짚으시니 담박한 모습이었다. 계상溪上의 집이 좁고 허술하여 모진 추위와 무더운 비를 다른 사람들은 견디기 힘들어했지만, 선생은 여유롭게 지내셨다. 영천군수 허시許時가 언젠가 찾아뵙고는 "이처럼 비좁고 누추한데 어찌 견디십니까?"라고 했더니, 선생이 천천히 말씀하시기를 "오랫동안 습관이 되어 못 느끼겠다" 했다.[61]

제자 이덕홍李德弘(1541~1596, 호는 간재艮齋) 역시 "농사나 누에치기 같은 잔일들의 때를 놓치는 일이 없었으며, 수입을 따져서 지출하고 갑작스런 사용에 대비했다. 집이 원래 가난하여 자주 끼니를 잇지 못했으며, 집이 비바람을 가릴 수 없어서 사람들이 참기 힘들어했으나 여유롭게 지내셨다"라며 스승의 궁핍했던 살림살이를 회고했다. 실제로 퇴계가 주고받은 편지에는 당시 경제적으로 힘들었던 상황이 연령별로 생생하게 나타난다. 예를 들어 퇴계가 45세 때 처가살이의 어려움을 호소하는 아들 이준에게 보낸 편지가 있다.

> 네가 처가에 얹혀사는 것은 본래 좋지 않다. 나로 인하여 너의 형편이 어렵기 때문에 몇 년 동안이나 그대로 있었던 것이다. 지금 너의 형세가 더욱 어려워졌으니 내가 어찌 할까, 어찌 할까? 그러나 선비의 가난함은 당연한 것이니 어찌 마음에 두겠느냐? 너의 아비는 평생을 이로 인하여 많은 사람의 비웃음을 받아왔느니라. 하물며 너에게 있어서랴? 다만 굳세게 참고 순리대로 처리하여 스스로 수양하고 하늘의 뜻을 기다리는 것이 마땅하다. 내 이제 비록 직위가 회복되었다고 하나, 병으로 관직에 나아가는 것이 어려우며, 내년에는 귀향할 것이다. 이를 계기로 지방관으로 나가기를 요청하여, 만약 내가 원하는 대로 된다면, 너는 나를 따라 갈 수 있고, 또 원하는 대로 이루어지지 않는다면 가난하지만 부자父子가 함께 여생을 보내도록 하자. 이것이 나의 뜻이다.[62]

퇴계는 자신의 가난으로 인해 아들이 고통받고 있다는 사실에 가슴 아파했다. 또 48세에 단양군수로 재직할 때는 아들 이준에게 자신

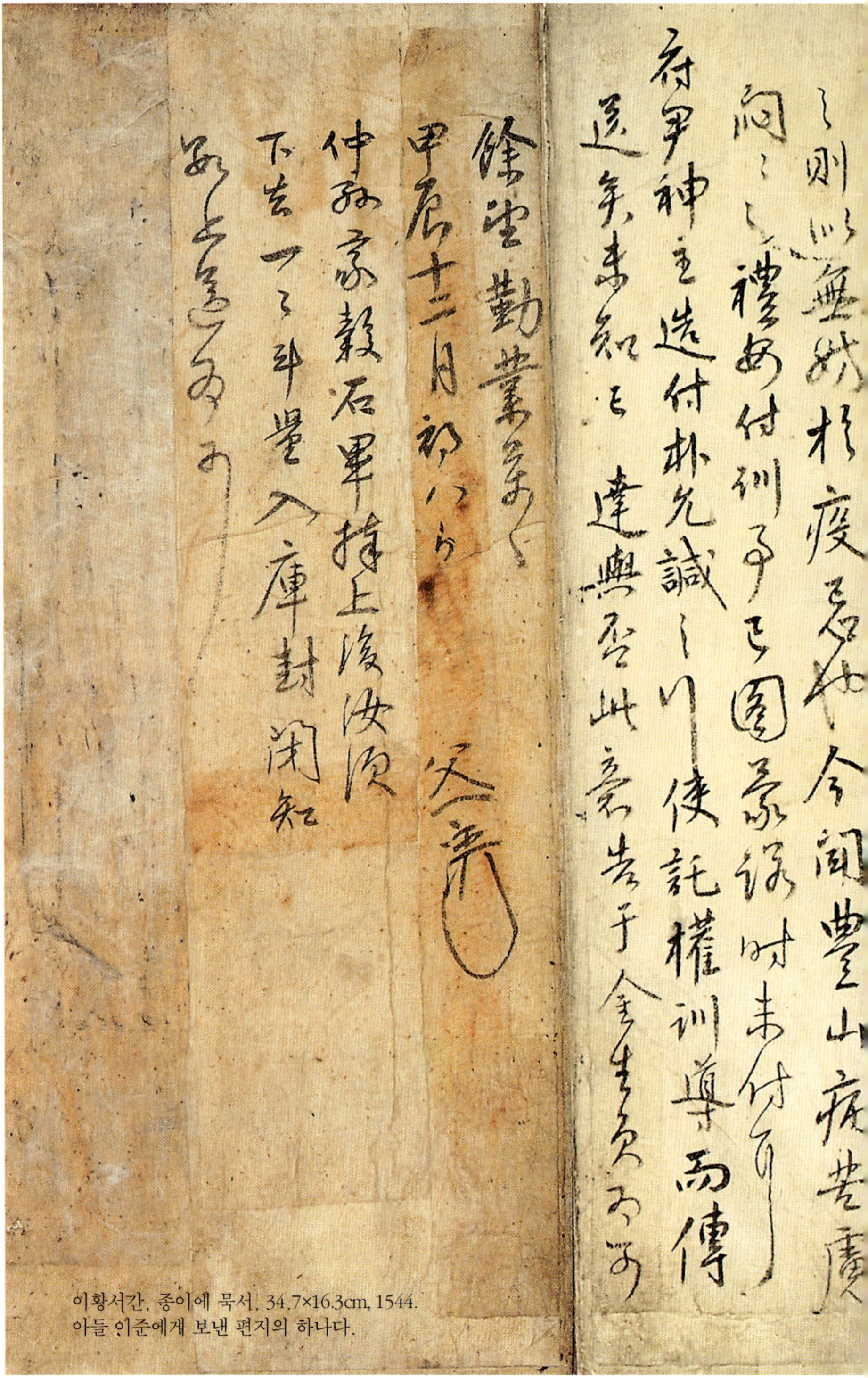

이황서간, 종이에 묵서, 34.7×16.3cm, 1544.
아들 이준에게 보낸 편지의 하나다.

寄兒 亨書

烏川

外內 아기

音信近疎未知爾好否予於

國恤奔遑之餘以患瘡證在告十餘日漸差今出

仕矣汝無憂也但家婢今方行疫不無憂慮慮

以此爲疑新曆三件只送于溫溪家若以爲無妨

則取去分置于 訓導生員府尹處次可

也甘套令可改造但其兜毛只直半疋云而不給之

狗皮投改造之品亦低而恨且以疫忌令不得送之

草席等物亦欲姑停後日朴先達下歸時付

一溪

의 둘째 부인인 안동 권씨의 대상大喪을 의논하는 편지에서 "대상 날짜가 임박해오는구나. 제상祭床은 여기서 보낼 작정이다. 쌀과 면麵을 마련할 형편은 못 된다. 집에서 준비하여라. 다만 저축해둔 곡식이 있을까 걱정이다. 상장喪葬 대사는 빚을 얻어 지내기는 극히 곤란할 것이다. 누님과 너의 두 외숙부가 도와주려 한다니 참으로 다행한 일이다"라며 아내의 제사 비용을 충당하기 위한 어려움을 내비치기도 한다. 퇴계의 궁핍한 생활은 50대에도 그대로 이어졌다. 이 무렵 아들 이준에게 보낸 편지에는 "관직에서 물러나서 고향에 돌아가려고 해도 옷과 말을 구입할 자금이 없어서 움직이지 못하고 있다"고 적었다. 또 "삭망제朔望祭를 지낸다고 하는데 궁핍한 형편에 어떻게 할 생각이냐"고 묻고는 보태주지 못하고 걱정만 해서 미안하다는 말을 덧붙였다.

퇴계는 높은 지위와 봉록을 스스로 버리고 곤궁한 생활을 이어나갔다. 궁핍함으로 인해 사람들로부터 비웃음을 당하고, 아내의 장례를 치르는 것을 힘겨워하면서도 결코 세속적인 명리名利를 탐하지 않았다. 대신 학문적 성취를 크게 이루어 대유大儒로 우뚝 섰다. "선비의 가난은 당연한 일이므로 가난할수록 더욱 즐겨라"라는 퇴계의 말은, 모든 것을 물질적인 소유에 의존하고 있는 오늘날의 우리가 가슴 깊이 새겨둘 말이다.

비석 대신 조그마한 돌을 세워라

1570년 11월 9일, 퇴계는 시제時祭를 지내기 위해 온계에 있는 종가(노송정)로 가서 재계하고 잠을 청하던 중 한질寒疾을 처음 느꼈다. 제사를 지낼 때 주독主櫝(신주함神主函)을 받들고 제물을 올리는 일을 직접 한 탓에 몸이 더욱 편치 않았다. 자제들이 참례를 만류했지만, "내가 이제 늙었으니 제사를 지낼 날도 많지 않아 참례해야 한다"면서 자리를 뜨려고 하지 않았다. 11월 15일에 이르러서는 병이 더욱 악화되었음에도 불구하고 자리에 누워 치지격물설을 고쳐서 답을 만드는 일을 그치지 않았다.

12월 2일에는 병이 매우 중해져서 약을 먹은 뒤 "오늘은 장인 제삿날이니 고기 반찬을 쓰지 말라"는 당부를 했으며, 12월 3일에는 설사를 하고는 "매화 형兄에게 불결하면 마음이 편치 못하다"면서 옆에 있던 분재 매화를 다른 곳으로 옮기라고 지시했다. 그리고 오후 무렵 자제들에게 "모든 사람의 서적을 기록하여 돌려보내되 빠짐이 없도록 하라"고 했다. 또 "전날 교정한 경주본 『심경心經』을 누가 빌려갔으니 찾아오도록 해라. 그런 다음 인편에 한참봉(한안명韓安命)[63]에게 전해주고, 그에게 판본 속의 잘못된 곳을 바로잡도록 부탁하거라"라는 말을 덧붙였다. 12월 4일이 되자 조카 이영李甯에게 유계遺戒를 쓰라고 지시했다.

1. 국장國葬의 예를 하지 말라. 예조에서는 전례에 따라 청할 것이니 반드시 망인亡人의 명령이라 하고는 소를 올려 굳게 사양하라.

2. 유밀과油密果를 쓰지 말라.
3. 비석을 쓰지 말라. 그저 조그마한 돌에다가 그 앞면에 '퇴도만은진성이공지묘退陶晩隱眞城李公之墓'라고만 쓰고, 뒷면에는 오직 『가례』에 언급되어 있는 조상의 내력(향리세계鄕里世系), 학문 행적(지행志行), 벼슬(출처出處)의 대략적인 것만을 간추려 써라. 만약 이 일을 다른 사람에게 부탁하여 지을 것 같으면, 지식이 높은 기고봉奇高峯(기대승, 1527~1572) 같은 사람은 실제로 없었던 일을 장황하게 써서 세상의 웃음을 살 것이다. 그러므로 내가 일찍이 스스로 뜻한 바를 쓰고 싶어 명문銘文을 지어두었으나, 그 나머지는 머뭇거리다가 아직 마치지 못했다. 초안을 써놓은 글이 있으니 찾아서 그것을 새겨두면 좋을 것이다.
4. 선조들의 묘갈명을 마치지 못하고 이에 이르니, 하늘 끝에 닿는 아픔이 되는구나. 그러나 이미 갖춰져 있는 것도 있으니 집안 어른들께 여쭈어서 깎아 세우거라.
5. 사람들이 사방에 둘러 서 있으니 네가 상례를 행함에 있어 예禮에 없는 부분은 반드시 다른 사람에게 물어라. 가문과 향리에는 예를 아는 유식한 사람이 많으니, 널리 묻고 널리 의논하면 오늘에도 합당하고 옛날과도 그리 동떨어지지 않을 것이다.

유계 다섯 가지 중에서 세 가지는 자신이 평생을 실천해왔던 검약을 지시한 것이고, 나머지 두 가지는 예禮에 관한 것이었다.

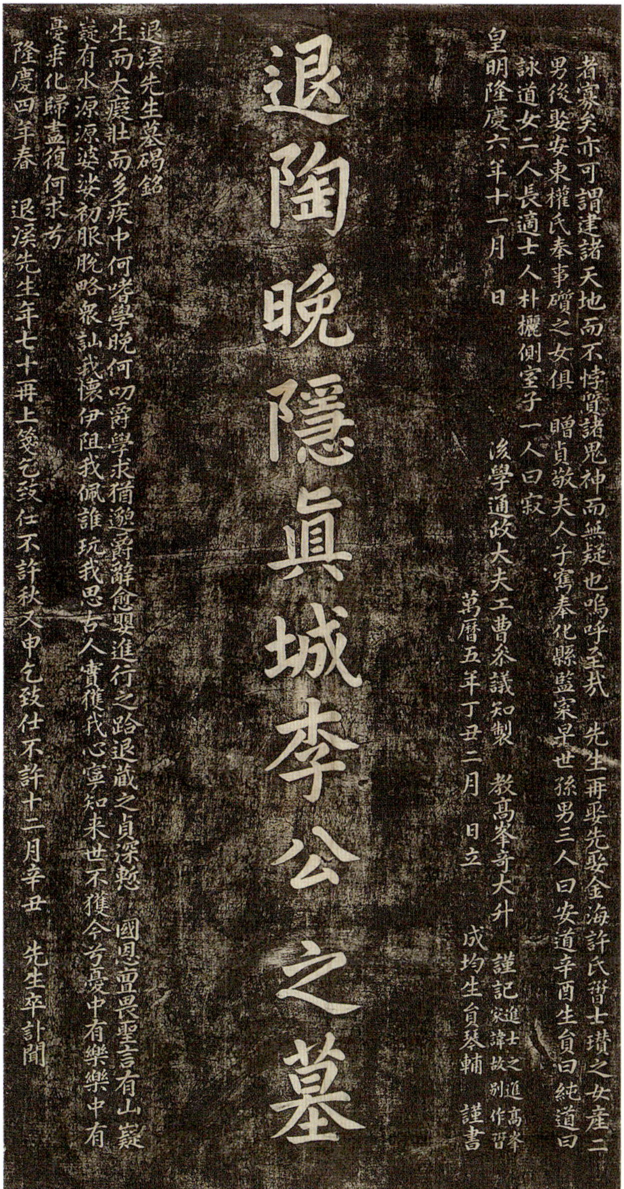

「이황묘지탁본」, 기대승, 115.1×62.1㎝, 1572, 국립중앙박물관. '퇴도만은진성이공지묘退陶晚隱眞城李公之墓'라고 쓰인 글 양옆으로 이황 자신이 쓴 묘갈명(명문)과 기대승의 기문이 있다.

퇴계 묘소.

유계를 받아쓰는 일을 마치자 몸소 읽어보고는 “싸서 봉封하라”고 지시했으며, 조카 이영이 봉하고 서명했다. 그러고는 다시 기침과 가래가 심해졌다. 오후가 되어 제자들을 만나고 싶다 해서 자제들이 만류했더니 “죽음과 삶 사이에 놓였으니 보지 않을 수 없다”면서 몸을 일으켜 윗옷을 끌어 덮고는, 제자들에게 “평소 잘못된 견해를 놓고 여러분과 종일 강론을 했는데 이것 역시 쉬운 일은 아니네”라는 말을 남겼다. 12월 7일에는 아들 이적李寂에게 “덕홍에게 서적을 맡겨라”라는 당부를 했다. 제자 이덕홍이 전갈을 듣고 이상히 여겨 동문들과 함께 산가지를 뽑으니 ‘군자유종君子有終’이라는 괘卦가 나왔다. 이에 제자들이 즉시 책을 덮고 어찌할 바를 몰랐다. 12월 8일 아침에 눈을 뜨더니 분재 매화에 물을 주라고 지시했다. 유난히도 화창한 날이었다. 그런데 오후 5시 무렵이 되자 갑자기 흰 구름이 집 위로 몰려들더니 눈이 내리기 시작했다. 잠시 후 퇴계는 자리에서 일으켜달라고 하더니, 앉은 채로 숨을 거두었다. 그러자 구름이 흩어지고 눈이 그쳤다. 향년 70세였다.

퇴계의 제자들이 남겨놓은 스승의 임종 기록(고종기考終記)이다. 이후 퇴계는 토계동 건지산 남쪽 산봉우리에 안장되었다. 그리고 유계를 받들어 화려하게 다듬은 비석이 아니라 소박한 빗돌에 ‘퇴도만은진성이공지묘退陶晩隱眞城李公之墓’, 곧 ‘도산으로 물러나 만년을 보낸 진성 이씨의 묘’라는 글귀를 적어넣었고, 그 옆에는 퇴계가 생전에 직접 지은 명문이 새겨지고, 그 옆면과 뒷면에는 왕의 명을 받고 쓴 고봉의 기문이 새겨졌다. 당시 퇴계가 쓴 명문 96자를 풀이하면 다음과 같다.

퇴계 비석 앞면(왼쪽)과 뒷면.

나면서 어리석고 자라서는 병도 많아
젊어서는 학문을 즐기고 느지막엔 어쩌다가 벼슬길에 들었네
학문의 길은 갈수록 아득하고 벼슬은 마다해도 더욱 내려지네
나아가기를 어려워하고 물러나 지냈나니
나라 은혜 생각하니 부끄럽고 성현 말씀 두렵구나
산은 높디높고 물은 깊고 또 깊어라
모든 것 떨쳐버리니 온갖 비방도 벗어났네
내 생각 남 모르니 내 뜻 누가 즐기랴

도산서원 전경.

옛분들 생각하니 내 마음 꿰뚫었네
뒷날엔들 오늘 일을 알 리 없으랴?
근심 가운데 낙이 있고 낙 가운데 근심 있네
자연으로 돌아가니 또 바랄 것이 무엇이랴

'한유寒儒'의 마지막 삶은 이렇게 막을 내렸다.

그런데 유계와는 달리 퇴계의 장례는 결국에는 국장으로 치러지게 되었고, 그러다보니 아마 유밀과도 제물로 사용했을 것이다. 한편 왕명으로 비문을 쓰게 된 고봉 기대승은 평소 존경하고 있던 퇴계의 삶에 대해 자신이 하고 싶은 말을 다 풀어내지 못했다. 유계에 나타난 퇴계의 뜻을 너무나 잘 알고 있었으며, 또 이를 존중해주고 싶었기 때문이다.

기대승은 자신이 제기한 문제를 두고 8년 동안 지속되었던 사칠논변이라는 이른바 학술논쟁 기간 내내 자신보다 26살이나 위인 퇴계가 보여준 겸손함과 포용심에 깊은 감동을 받았으며 평생토록 존경심을 가슴에 품고 있었다. 퇴계 또한 기대승의 열정적인 진리 탐구의 자세를 누구보다 높이 평가하고 아꼈다. 이처럼 두 사람은 서로를 존경하고 아끼는 사이였다.

그리하여 퇴계는 자신의 사후에 기대승이 비문을 작성하리라고 예상했으며, 그가 평소 자신을 존경했기 때문에 과분한 내용을 쓸 것이라고 우려했던 바, 몸소 자신의 명문을 쓰게 된 것이다. 그럼에도 조정에서는 퇴계와 각별한 사이였던 기대승에게 비문을 맡겼다. 이에 전후 내막을 누구보다 잘 알고 있는 기대승은 비문을 쓰면서 못내 아쉬움을 남길 수밖에 없었던 것이다. 퇴계에 대한 존경심을 비문에 모두 담아내지 못한 기대승은 남몰래 추모의 글을 아래와 같이 썼고, 이 글은 퇴계 사후 30여 년이 지나서야 조그마한 돌에 새겨져 퇴계의 무덤 속에 함께 묻혔다.

> 세월이 흐르면 언젠가 산도 허물어져 낮아지고
> 돌도 삭아 부스러지겠지만
> 선생의 명성은 하늘과 땅과 더불어 영원하리라.

주註

1 이황, 성호 이익,순암 안정복 엮음, 이광호 옮김, 『이자수어』, 예문서원, 2010, 43~44쪽.

2 위의 책, 260쪽.

3 권오봉, 『퇴계선생 일대기』, 교육과학사, 333쪽.

4 연산군 갑자사화 때 억울하게 죽음을 당한 사람의 자손에게 벼슬을 주어 보상을 해줌.

5 일설에는 권씨 부인이 퇴계와 혼인을 할 때에는 온전했으나, 이후 문제가 생겼을 것이라는 견해도 있다.

6 이국량은 이현보李賢輔의 조카다.

7 이장우 · 전일주 옮김, 『퇴계 이황 아들에게 편지를 쓰다』, 연암서가, 2008, 68쪽.

8 위의 책, 62쪽.

9 위의 책, 69쪽.

10 부모상을 당해 달려가는 일.

11 사락四樂이란 농사짓기, 누에치기, 고기잡기, 땔감하기 등의 네 가지 즐거움을 뜻함.

12 이장우 · 전일주 옮김, 앞의 책, 145쪽.

13 조상 제사의 비용을 충당하기 위해 마련해둔 전답.

14 이장우 · 전일주 옮김, 앞의 책, 208쪽.

15 임파선염의 일종.

16 이함형의 자字.

17 중국 한나라의 한나라 광무제光武帝가 아무런 이유 없이 황후를 폐하려고 질운郅惲에게 말하자, "부부의 금슬에 대해서는 아비도 자식에게 관여할 수 없는데, 더구나 신하가 군주에 대해 관여할 수 있겠습니까"하고 답한 것에서 유래함.

18 오운은 퇴계의 맏처남 허사렴의 사위로서, 퇴계에게는 처질서妻姪壻가 된다. 또 오운의 조부 오언의吳彦毅는 퇴계 숙부인 이우李堣의 사위이기도 하다.

19 이장우 · 전일주, 「家書 先祖遺墨 해제」, 『家書』, 한국국학진흥원, 2011, 20쪽.

20 혼례식을 치르고 신부가 신랑 집으로 들어가는 절차. 16세기만 하더라도 신부는 친정에 머물다가 혼례를 치른 달[月]을 넘기거나 혹은 해[歲]를 넘기고 가는 것이 일반적이었다.

21 『가서』, 61쪽.

22 『가서』, 63쪽.

23 퇴계의 장인 허찬許瓚의 아우.

24 이장우 · 전일주 옮김, 앞의 책, 30쪽.

25 『정본 퇴계전서』, 서간 10, 2006, 퇴계학연구원, 319쪽.(이장우 · 전일주, 「家書 先祖遺墨 해제」, 『家書』, 한국국학진흥원, 2011, 20쪽)

26 위의 책, 85쪽.

27 이장우 · 전일주 옮김, 앞의 책, 20쪽.

28 위의 책, 98쪽.

29 권오봉, 『退溪書集成』, 1997, 포항공과대학출판부.
30 이장우·전일주 옮김, 앞의 책, 310쪽.
31 『가서』, 48쪽.
32 열녀는 두 남편을 섬기지 않는다. 즉, 재혼을 하지 않는다는 뜻이다.
33 이장우·전일주 옮김, 앞의 책, 289쪽.
34 김씨 부인의 아버지 김한철金漢哲을 말함.
35 연산군 시절을 말함.
36 권오봉, 『퇴계선생 일대기』, 교육과학사, 1997, 31~34쪽.
37 『농상집요農桑輯要』『천공개물天工開物』 등을 참조함.
38 이파李坡는 이현보李賢輔(1467-1555, 호는 농암聾巖)의 증조부이다.
39 『퇴계선생문집』 45, 上岳山祈雨文.
40 양羊, 돼지 한 마리씩을 희생犧牲으로 차리는 제물.
41 충청북도 단양군 서쪽에 위치하고 있는 산으로, 정상에 돌우물이 두 개 있는데 이곳에서 기우제를 지냈다는 기록이 있음(『신증 동국여지승람』 14, 단양군 편)
42 퇴계의 큰형님 이잠李潛의 맏사위.
43 『퇴계선생언행록』 1, '敎人', 김성일.
44 일정한 친척관계에 있는 사람들이 같은 관내에 근무하지 못하게 하는 제도.
45 지방 사림들을 중심으로 조직된 지방자치기구.
46 『퇴계선생언행록』 2, '鄕里處鄕', 김성일·우성전.
47 『퇴계선생언행록』 1, '成德', 우성전.
48 『퇴계선생언행록』 2, '鄕里處鄕, 김성일.
49 『퇴계선생언행록』 3, '交際', 김성일.
50 정석태 옮김, 『안도에게 보낸다』, 들녘, 2005, 211쪽.
51 위의 책, 237~263쪽.
52 위의 책, 268~270쪽.
53 위의 책, 272~274쪽.
54 위의 책, 277~278쪽.
55 위의 책, 279~280쪽.
56 『퇴계선생언행록』 2, '辭受', 김성일.
57 『퇴계선생언행록』 2, '鄕里處鄕', 김성일.
58 물살을 가로막고 물이 한 군데로만 흐르게 터놓은 다음, 통발을 놓아서 물고기를 잡는 도구.
59 종2품 벼슬아치가 타던 수레.
60 『퇴계선생언행록』 3, '飮食衣服之節', 우성전.
61 『퇴계선생언행록』 2, '居家', 김성일.
62 이장우·전일주 옮김, 앞의 책, 60쪽.
63 집경전集慶殿 참봉 한안명이 경주본 심경에 잘못된 곳이 많다고 퇴계에게 정정訂正할 것을 요청한 적이 있는데, 아직까지 책이 다른 곳에 있어서 보내지 못했으므로 이런 지시를 내렸다.

퇴계처럼

1판 1쇄	2012년 12월 28일
1판 10쇄	2016년 10월 20일

지은이	김병일
기획	한국국학진흥원
펴낸이	강성민
편집장	이은혜
편집	장보금 박세중 이두루 박은아 곽우정
편집보조	조은애 이수민
마케팅	정민호 이연실 정현민 김도윤 양서연
홍보	김희숙 김상만 이천희

펴낸곳 (주)글항아리 | 출판등록 2009년 1월 19일 제406-2009-000002호

주소	10881 경기도 파주시 회동길 210
전자우편	bookpot@hanmail.net
전화번호	031-955-8891(마케팅) 031-955-2670(편집부)
팩스	031-955-2557

ISBN 978-89-6735-034-5 03900

글항아리는 (주)문학동네의 계열사입니다.

이 도서의 국립중앙도서관 출판시도서목록(CIP)은 e-CIP홈페이지(http://www.nl.go.kr/ecip)와 국가자료공동목록시스템(http://www.nl.go.kr/kolisnet)에서 이용하실 수 있습니다.
(CIP제어번호: CIP2012005959)